AI实操
引流变现8步法

武建伟◎著

悦读书·悦旅行·悦享人生

中国·广州

图书在版编目（CIP）数据

AI实操：引流变现8步法/武建伟著. -- 广州：广东旅游出版社, 2025.1. -- ISBN 978-7-5570-3443-6

Ⅰ. F713.365.2

中国国家版本馆CIP数据核字第20246TP625号

出 版 人：刘志松
责任编辑：官　顺　何沛芊
责任校对：李瑞苑
责任技编：冼志良

AI实操：引流变现8步法

AI SHICAO YINLIU BIANXIAN 8BUFA

广东旅游出版社出版发行
（广州市荔湾区沙面北街71号首层、二层　邮编：510130）
印刷：文畅阁印刷有限公司
（河北省保定市高碑店市世纪大街北侧）
联系电话：020-87347732　邮编：510130
787毫米×1092毫米　16开　16.25印张　195千字
2025年1月第1版　2025年1月第1次印刷
定价：88.00元

［版权所有　侵权必究］
本书如有错页倒装等质量问题，请直接与印刷厂联系换书。

前言

在当今这个风起云涌的数字化时代，AI 宛如一股汹涌澎湃的洪流，以前所未有的迅猛之势重塑着我们的生活与商业格局。如何巧妙运用 AI 达成高效引流与变现，无疑成为众人目光聚焦之所在。而《AI 实操：引流变现 8 步法》（以下简称"《AI 实操》"）将为我们徐徐揭开 AI 应用这层神秘面纱。

在信息如潮的当下，AI 爆发出了震撼人心的力量。比如，有了 AI 强大算法的支撑，电商平台不但能够极其精准地为用户推送契合其需求与喜好的商品，更能通过智能客服为用户提供无微不至的服务。就这样，电商平台成功吸引了如潮水般涌来的用户，并顺利地将这些海量流量转化为令人惊叹的商业价值。当你深入研读并实践《AI 实操》一书中详细阐述的 8 个关键步骤时，你将深深领悟如何利用 AI 技术精准无误地锁定目标客户群体，懂得以何种巧妙绝伦的方式吸引他们的关注目光，能够熟练地掌握将其巧妙转化为实际商业价值的方法与技巧。无论是胸怀凌云壮志的创业者，还是矢志拓展业务疆域的营销人员，抑或是对 AI 满怀无限好奇与探索热忱的人们，都会将《AI实操》视为自己前行征程中不可或缺的得力伙伴。

　　展望未来，AI将持续展现出更为强大的力量，或许会深度融入各个领域，彻底改变我们的工作模式和生活方式。它可能会在商业领域创造出更多前所未有的引流变现新途径和新方法，带来更加惊人的效益增长；也可能在医疗、教育等关键领域发挥更大的作用，为人类解决更多复杂的问题，推动社会不断向前发展。AI的发展前景不可限量，充满着无限的可能。既然如此，让我们现在就做好准备，开启这精彩绝伦、令人心驰神往的AI实操之旅吧！

目 录

1 AI+文案：0成本大数据变现法

AI在文案撰写中扮演了重要角色　　//003

确认精准用户是写好文案的前提　　//006

写好文案需要分析官方大数据平台提供的关键词　　//008

利用AI技术生成实用文案　　//014

利用AI技术按目标优化文案　　//016

AI技术在文案中的其他运用　　//019

知名企业AI+文案应用　　//023

2 AI+短视频：线上线下快速导流变现法

使用数字人，切入短视频内容创作　　//029

如何拍摄出高品质的短视频　　//032

运用 AI 技术生成短视频　　//047

用复盘优化短视频　　//050

如何迭代短视频　　//057

AI+ 短视频线下引流课程：短视频讲故事技巧　　//060

3 AI+ 投放：投 1 元赚 68 元变现法

投 1 元赚 68 元需要精准投放　　//067

精准投放离不开 AI 技术　　//070

利用 AI 技术进行投放数据操作　　//074

利用 AI 技术执行投放计划　　//080

知名企业 AI+ 投放应用：小白鞋引爆直播间销售　　//083

4 AI+ 直播：真人与数字人混合变现法

直播在线下门店的应用　　//089

数字人直播特别适合线下门店　　//090

知名企业利用数字人进行 24 小时直播获客　　//093

目 录

如何确定适合自己的直播电商策略　//095

提升 CTR 的新模式：手游 + 直播 + 餐饮　//102

如何提升直播精准用户的转化率　//104

如何利用直播变现　//108

注意直播变现中的一些红线　//112

如何鉴别直播电商的真假　//121

线下门店如何建立直播电商发展模式　//123

5　AI+ 社群：裂变私域变现法

AI+ 社群：企业数字化运营的新动向　//129

如何在社交圈中获得高质量客户　//132

如何充分利用私域流量　//137

利用 AI 技术进行社交圈裂变运营　//140

让公私域流量实现联动　//142

社交圈在线下门店的应用　//146

知名企业 AI+ 社群应用　//149

6　AI+IP：11件套持久变现法

品牌影响力需要IP形象加持　　//155

提升品牌影响力的两种IP形象打造方式　　//156

打造知名IP合作方案　　//160

选择适合自己的IP形象　　//163

打造适合自己的独特IP　　//165

IP离不开AI加持　　//167

用IP裂变实现持续引流、变现　　//171

AI+IP合作策略：11件套持续变现方案　　//176

AI+IP定制策略：业绩N倍增的AI生成方案　　//180

7　AI+矩阵：三位一体持久变现法

AI+矩阵的应用和意义　　//185

打造和发展矩阵生态圈需要做好账号　　//188

利用AI技术在矩阵内推广技术和服务　　//201

利用AI技术在矩阵中推广不同品牌　　//205

利用AI技术实现矩阵中数据和智能化运用的最大化　　//207

利用AI技术高效打造矩阵生态圈　　//210

目 录

 **AI+ 管理：三板斧持久变现法**

AI 在管理中崭露头角　　//215

企业智能化管理离不开 AI 技术　　//219

利用 AI 技术提升管理效率　　//222

利用 AI 技术推进项目　　//226

利用 AI 技术实现智能供应链管理　　//227

利用 AI 技术排除管理中的难题　　//230

利用 AI 技术掌握数据统计的专业技巧　　//238

利用 AI 技术优化客户服务　　//241

关于 AI 营销与应用行业的一些展望　　//244

1

AI+文案：0成本大数据变现法

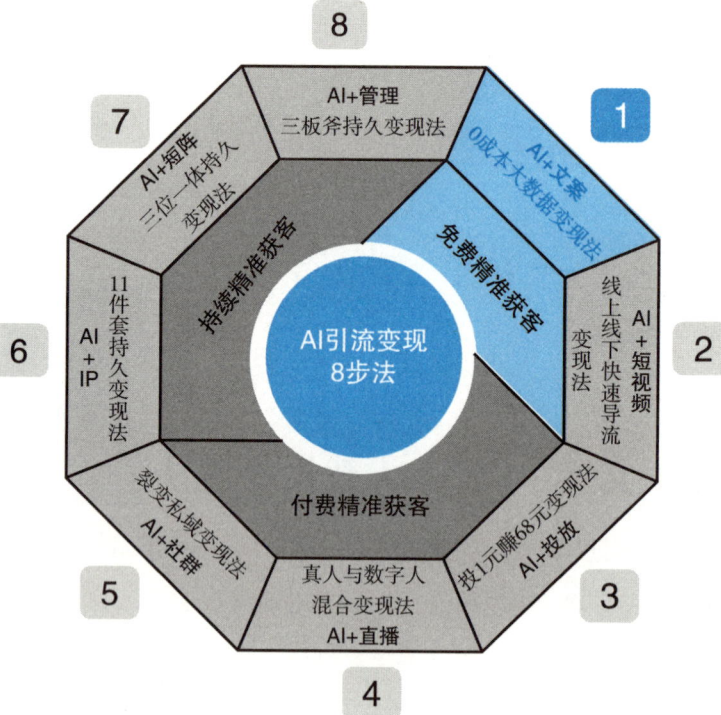

■ ■ ■ ■ AI在文案撰写中扮演了重要角色

众所周知，商家对获客是很感兴趣的，为了获得尽可能多的顾客，总是不遗余力。这背后的道理其实并不难理解，购买商品的顾客的数量直接影响着商家的订单销售额（GMV）[①]。购买商品的顾客越多，客单价[②]越高，销售额就越高。反之，销售额就越低。顾客和销售额的关系可以用下面这个公式来表示，即 **GMV= 流量 × 转化率 × 客单价**。

[①] 订单销售额（Gross Merchandise Volume，简称GMV）通常称网站成交总额（一定时间段内）。多用于电商行业，一般包含拍下未支付订单金额，比实际成交金额要大。

[②] 客单价（per customer transaction）是指商场（超市）每一个顾客平均购买商品的金额，即平均交易金额。

GMV 公式在线上、线下的经营、销售中都发挥着重要作用。我辅导过的海尔、美的、爱普生等，都依据该公式为自家的抖音店、天猫店成功引流。而且，据我所知，采用 GMV 公式的大型经销商已经超过了 50 家。那么，GMV 公式是怎么发挥作用的呢？下面我们以火锅店的经营为例进行说明。

比如，我是一家火锅店的经理。某天，火锅店门口有 1000 个人经过，这 1000 个人是人流量（人流量在线上被称为流量），而非顾客。如果 1000 个人中有 10% 来店里消费，也就是说，有 100 个人成了火锅店的顾客，10% 就是转化率。如果这些顾客平均每人消费了 100 元[①]（即客单价是 100 元），100 个人就消费了 1 万元。1 万元就是火锅店一天的销售额（GMV）。

现在老板告诉我，每天 1 万元的销售额给火锅店带来的利润非常微薄，要保证利润，需要提升销售额，至少每天要达到 10 万元。面对老板的要求，我该怎么做呢？这时候，我就需要思考一下，火锅店到底需要什么样的顾客，我和我的团队怎样做才能吸引更多的顾客来店消费。

如何才能解决上述两个问题呢？GMV 公式发挥作用的时候到了。要让销售额从 1 万元上升到 10 万元，有三个因素需要考虑，即流量、转化率和客单价。从理论上讲，其中任何两个因素恒定，第三个因素变为原来的 10 倍，问题即可解决。那么，可行性如何呢？我们一一来看。

第一种情况，流量和转化率一定，客单价变为原来的 10 倍。

[①] 如无特别说明，本书涉及的金额均指人民币（单位：元）。

火锅店原来的客单价是 100 元，涨价之后变为 1000 元。现实生活中，谁会花 1000 元去吃火锅？确实有这样的顾客，但人数会比客单价是 100 元时少得多。况且，既然花 1000 元去吃火锅，必然对食材等要求会变高，火锅店的成本必然要比原来提升很多……总体来说，这个方案风险很大，即使成功了，利润也不见得比销售额是 1 万元的时候多。

第二种情况，流量和客单价一定，转化率变为原来的 10 倍。

在这个方案中，从火锅店门口经过的人流量没有变，还是 1000 个人，客单价还是 100 元，来火锅店就餐的人数却变了。转化率从 10% 变成了 100%，就餐人数从 100 人变成了 1000 人。这样一来，10 万元的销售额就实现了。总体来说，这个方案的可行性比较高，只需要解决一个问题——我和我的团队需要确定哪些人是火锅店的精准用户。

第三种情况，转化率和客单价一定，流量变为原来的 10 倍。

要实现 10 万元的销售额，如果转化率还是 10%，客单价还是 100 元，我和我的团队就要掌握快速获得流量的方法，让在火锅店门口经过的人变多，多到变为原来的 10 倍。也就是说，在店门口路过的要有 1 万人。

让 1 万人在火锅店门口路过能不能实现呢？能。那实现起来难度大不大呢？如果没有 AI 参与，我和我的团队也许还要投入不少的人力、物力；有了 AI 的参与，实现难度就大大降低了。

AI 的巨大作用已经在商业实践中被屡屡证明，许多人利用 AI 创造引流变现的内容，使得自己所负责业务的销售额实现了 10 倍、20 倍、50 倍甚至 100 倍的增长。此外，AI 还会帮助商家描绘用户画像，获得精准用户。至于 AI 是怎么做的，需要我们一层层揭开它的面纱。

综上，我们不难看出，获得精准用户和掌握快速获得流量的方法是提升销售额的两大关键（二者发挥作用并不仅仅限于火锅店经营领域）。而在这一过程中，AI 将扮演重要的角色。

■ ■ ■ ■ ■ 确认精准用户是写好文案的前提

在运用 AI 技术生成和优化引流文案之前，我们必须要解决一个前提，那就是确认企业的精准用户。怎样做才能解决企业痛点，获得精准用户呢？一个很有效的方法就是运用 SEO 技术。

SEO 全称 Search Engine Optimization，即搜索引擎优化。我们可以利用搜索引擎的规则提高企业（包括短视频）在有关搜索页内的自然排名。SEO 技术对于很多人来说并不陌生，毕竟百度早在 20 多年前就有了 SEO。那么，SEO 技术是怎么发挥作用的呢？

在日常生活中，人们都是按照自己的需求去进行搜索的。这样的需求一定非常精准。比如，我想吃汉堡，可以选择在百度的搜索框里输入"哪里的汉堡好吃"，一按回车，就会看到一堆汉堡店的推荐。谁排在前面,谁就有更大的机会成为我吃汉堡时的首选。当然,现在百度并非唯一的选择,我还可以选择打开抖音,在搜索框内输入"哪里的汉堡好吃",一按回车,排在搜索结果最前面的通常是一条视频。这条视频一般时间不长,通常在 30 秒左右。不过,看到 15 秒的时候,我就差不多能确定这家店是不是符合我的要求了。如果它符合我的要求,我就会进入它的直播间继续了解,或者按照视频的指引领取优惠券,去它的线下店铺消费。

很显然,对于经营汉堡店的商家来说,我就是一个精准用户。只要我耐心地看完了 15 秒的视频,进入商家的直播间,或者去商家的线下店铺,我的付费意愿就会很大。商家如果连像我这样的顾客都没有留住,在经营店铺方面可能就会出现一些问题。

这不仅仅是经营汉堡店的商家需要注意的。它适用于所有商家。一个人主动去搜索,就代表他很有需求,哪怕他只是看了一半的视频,就到店家的线上直播间或线下店铺去了。这样的举动并非意味着这个人对这家店没有兴趣,恰恰相反,这充分说明这个人已经"陷"进来了。这样的人就很容易做出消费的决策,并付诸实施。对于商家来说,这样的人就是他们需要的精准用户。这充分证明了一个观点——SEO 营销是可以帮助商家提供精准用户的。

明确了这一点,所有商家,特别是做线下门店的商家,一定要学会运用 SEO 技术,去做精准的需求分析,获得精准用户。

为什么 SEO 技术对做线下门店的商家特别重要呢?做线下门店和做电商不一样。做电商很多时候是先做一个很好看的详情页,然后以投流①的方式来获客，获客成本就是投流成本。做线下门店如果不去获得精准用户，接待不精准用户的行为就成了成本。那些不精准用户即使来到了你的门店，大多数时候也是来随便看看的。这样一来，经营者投入了大量人力、物力，所获甚微。这就是做线下门店的商家需要精准获客、需要 SEO 技术加持的底层逻辑。

▪ ▪ ▪ ▪ ▪ 写好文案需要分析官方大数据平台提供的关键词

用户主动搜索就代表有需求，代表他是精准用户，那么是不是我们找到精准用户就万事大吉，就可以写好引流文案了呢？真的不是。我们还得了解精准用户经常在搜什么，并对搜索内容进行分析、归纳、总结。我们去哪儿才能找到他们经常搜索的内容呢？只有官方大数据平台

---

① 投流，又称营销投资，就是企业或个人为了获得流量而进行的投资行为。具体来说，就是企业或个人在各种网络平台和渠道通过购买广告位、推广服务等方式，将产品或服务展示给目标用户，从而提升品牌知名度，增加销量的做法。不同的电商平台叫法不同，但目的相同。

可以告诉我们真实的情况，帮助我们免受片面消息的影响[①]。既然如此，我们要查询哪些平台才能看到精准用户的踪迹呢？

在国内，常见的官方大数据平台涉及百度、腾讯、抖音等多家。我们常用的百度指数、微信指数、巨量算数等即出自这些集团旗下。[②] 其中，百度指数是以百度海量网民行为数据为基础的数据分享平台，主要在趋势研究、需求图谱、人群画像等方面下功夫。我们可以在电脑端或移动端通过查询百度指数来了解近十年的关键词变化趋势、用户隐藏的关注焦点、关注用户的集体画像。百度指数支持查看近7天、近30天、近90天、近半年、全部的指数曲线。

微信指数属于移动端指数产品，我们可以通过点击微信App上方的搜索框输入"微信指数"找到(方法不止一种)。其官方平台发布的《微信指数规则》显示：微信指数是一个以关键词为线索的基础数据工具，基于大数据帮助用户了解微信生态内关键词的热度。微信指数每天更新昨日关键词指数，来自搜一搜、视频号、直播、公众号文章、网页及部分广告渠道的热度会对指数产生影响。在计算关键词指数的过程中，微信指数主要关注关键词相关内容的受欢迎程度和关键词在相关内容中的重要程度。微信指数支持查看近7天、近30天及全部的指数曲线。

比起百度指数、微信指数，巨量算数略有特殊。虽然从名字上看

---

① 官方大数据平台多为互联网平台。互联网平台收集、分析、利用用户的信息或数据，须遵守《网络安全法》《数据安全法》《个人信息保护法》等相关法律的规定，并获得用户的授权。后文不再赘述。

② 本书涉及的数据、事例、软件使用规则、平台规则、法律法规的情况截至2024年10月25日。上述情况如有更新，请以最新版本为准。

似乎跟抖音没有半毛钱关系，却实实在在是抖音旗下的内容消费趋势洞察品牌。

据抖音官方的介绍，巨量算数是以今日头条、抖音、西瓜视频等内容消费场景为依托并承接巨量引擎的数据与技术优势，输出内容趋势、产业研究、广告策略等洞察与观点，同时开放算数指数、算数榜单、抖音垂类[①]等数据分析工具，满足品牌主、营销从业者、创作者等数据洞察需求的。巨量算数支持查看近7天、近14天、近30天、近半年的指数曲线。

比起上面中规中矩的介绍，用例子来说明可能更直观一些。比如，我的学员中有来自瑞幸咖啡的一些门店团队，他们可以很清楚地知道喜欢瑞幸咖啡的人都会搜索关于瑞幸咖啡的哪些方面。他们是怎么知道的呢？通过巨量算数。

要找到巨量算数并不难，我们可以通过它的官网，也可以通过抖音平台。进入巨量算数之后，我们会看到一个叫作"算数指数"的模块，点进去之后输入"瑞幸咖啡"，"关联分析"里就会出现类似图1-1的图。如无特殊要求，该关联词图谱展示的就是近7天用户搜索关联词的情况。

由图1-1，我们可以看到，图上有各种颜色的圈圈，这些圈圈的出现代表着关注瑞幸咖啡的人会通过搜索来了解它。具体来说，红色代表搜索热度高，红色（图中以灰色表现）圈越红越大，说明搜索热度越高；绿色代表搜索热度曾经很高，现在衰退了，绿色圈越绿越大，说明搜索热度衰退越快；离"瑞幸咖啡"这个中心越近，代表二者的关联性就越强；离得越远，代表二者的关联度越差。

---

① 垂类，即垂直领域。该领域下的用户具有类似的需求、爱好等。

1 | AI+文案：0成本大数据变现法

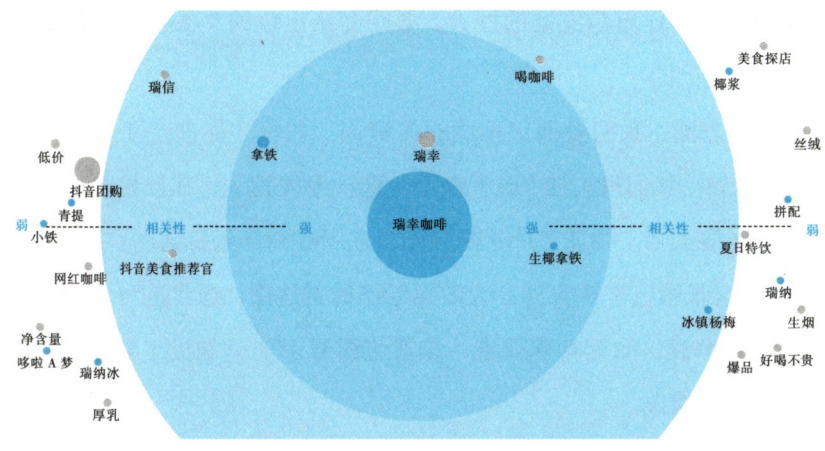

图 1-1 "瑞幸咖啡"搜索关联词图谱（巨量算数）

图1-1有三个作用：一是选品。比如，图里的生椰拿铁跟瑞幸咖啡离得最近，说明生椰拿铁在这段时间内是最受顾客欢迎的。二是选题。做短视频要围绕用户需求，我们可以从图中找出用户去喝瑞幸咖啡要满足什么需求。三是让做成的视频和直播排在相关搜索的最前面。

如果我们是瑞幸咖啡门店的经营者，要做的事情就是通过巨量算数，找到所有关键词，全部融入关于瑞幸咖啡的公众号文章、短视频乃至直播里。当这些关键词都融入之后，别人一搜索，我们做的公众号推文、短视频、直播，就容易排到同类的前面了。只要能排在前面，获客概率就会大很多。

当然，容易排到前面不等于一定排在前面。要想让公众号推文、短视频、直播排在前面，需要做好两个方面的工作。

一方面，我们需要有出色的文案，将从搜索关键词图谱中提取的所有关联词都融入公众号推文、短视频、直播中。遗憾的是，并非每个人都拥有创作出色文案的能力。要想写出出色的文案，我们就需要 AI 技术的帮忙。

另一方面，我们要锁定正确的关键词。如何才能锁定正确的关键词呢？比如，我们只关注"瑞幸咖啡"这一个关键词，在巨量算数中输入它点击搜索后，会在"关键词指数"之下看到一张雷达图（如图 1-2 所示）。这张图也是抖音官方大数据给出的雷达图，通常是对关键词综合指数的解读。如无特殊要求，该雷达图展示的就是近 1 个月关键词的综合变动情况。

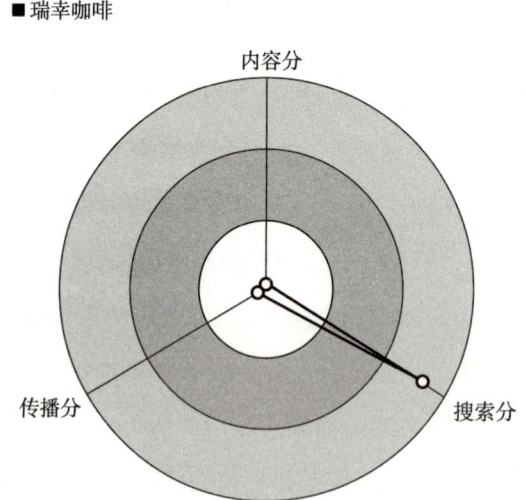

图 1-2 "瑞幸咖啡"综合指数解读（搜索雷达图）

雷达图里包括三个分数，分别是搜索分、传播分、内容分。它们也代表了关键词综合指数解读的三个指标。根据巨量算数平台的定义，搜索分由关键词及相关内容的搜索量等数据加权得出，衡量该关键词在抖音的搜索情况；传播分由关键词及相关内容的文章阅读量或视频播放量得到，衡量该关键词在抖音的传播声量，传播分不等于实际阅读量或播放量。内容分由关键词及相关内容的文章或视频数量加权求和得到，衡量该关键词在抖音的基础声量。也就是说，搜索分代表的是想了解你的人、想搜索你的人的分数；传播分代表的是你的点赞、转发、评论数值分数；内容分代表的是你的图文、短视频、直播的质量分数。

我们要找到搜索分高且内容分低的关键词，把这些关键词融入公众号推文、短视频、直播，才能实现"别人一搜索，我们就排前"的目标。这时再去获客，成交的可能性就会增加，即相关的"搜索"+"热词"=融入标题、融入图文、融入视频、融入直播="又精又热"。

需要注意的是，尽管某些品牌的搜索分很高，但内容分和传播分长期低迷也会给其后续的发展造成一定的影响。不只是瑞幸咖啡，其实很多商家在新媒体市场都有很大的提升空间。特别是用 AI 技术结合 SEO 技术，那将可以每分每秒都在获取精准用户。而这种打法带来的好处，大家都心知肚明。

有人会说，平时工作已经够忙的了，哪里还有时间天天生产内容、做短视频、搞直播呢？AIGC[①] 是一个不错的助手。目前，瑞幸咖啡等企业已经开始在 AIGC 的帮助下，不断生成图文、做短视频、搞直播，进而促进营业额的不断提升。

---

① AIGC，全称 Artificial Intelligence Generated Content，意为生成式人工智能。

利用AI技术生成实用文案

众所周知，SEO营销在相当长的一段时间内扮演了营销界的焦点角色。百度、谷歌等企业也因此获得了极大的收益。自从信息流广告异军突起，SEO营销就逐渐"失宠"了。它为什么会"失宠"呢？它很实用，又几乎不需要什么成本。我们只要把所有的关键词融入一个文案里，然后写、拍、发即可。事实上，操作起来又谈何容易？做这件事不仅需要耗费我们很多时间和精力，而且还需要我们持续不断地输出。即便有专门的团队支撑，也很难实现。

有意思的是，近年来，先前"失宠"的SEO营销正在重新崛起。其中一个很重要的原因就是生产速度慢的难题得到了解决。像我自己和我合作的网红们都有自媒体账号，我们现在生产内容就非常快。

以我本人从事的人工智能（AI）行业为例。我打开巨量算数，输入关键词"人工智能"，点击搜索后会出现一堆和"人工智能"相关的搜索关联词（如图1-3所示）。随后，我把所有关于"人工智能"的关键词全部融入关于人工智能的这条视频、直播文案里了。别人一搜索，我的视频、直播就是排在前面的。在具体操作时，如果觉得把所有关于"人工智能"的关键词融入相关文案有困难，我还可以选择先只做"人工智能"这个词的文案融入。即便如此，我的文案在搜索时排名也比较靠前，传播力也强（如图1-4所示）。

1 AI+文案：0成本大数据变现法

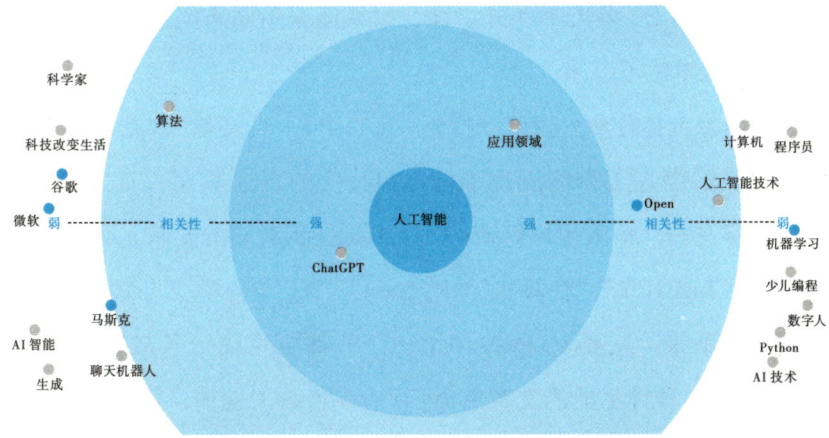

图1-3 "人工智能"搜索关联词图谱（巨量算数）

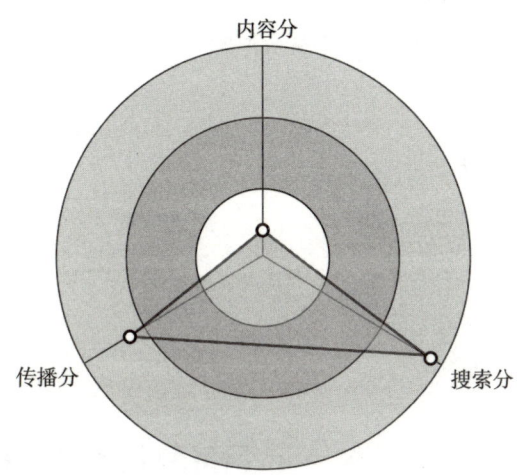

图1-4 "人工智能"综合指数解读（搜索雷达图）

有了这些关键"热词"，下一步我就要做短视频、直播、小红书的图文了。我是怎么做的呢？我选择的是用AI技术去生成文案。至于选择AI技术生成文案的原因，说起来既简单又现实：我平时挺忙的，一

015

个月里大概有20多天都在外讲课。如果还采用原来的方法做自媒体账号，我根本忙不过来。

具体怎么操作呢？我可以打开ChatGPT，直接输入"帮我写短视频文案，围绕人工智能应用领域，和我卖的直播数字人有关，要求200个字左右，刺激用户好奇心"。这就是我对它的要求。我还可以再加上"ChatGPT""计算机""Python""AI""科学少儿编程"等关键词。接下来，只要10秒钟，ChatGPT就能生成一条文案。而且，这条花费10秒钟生成的文案包含了所有的精准关键词，可能比一些专业写文案的人写出来的还要好。

当有人搜索"数字人""科学少儿编程"等关键词时，我的视频就会排在前面，并在第一时间实现获客。其实，你也完全可以复制上述模式，在运用巨量算数等工具找到关键"热词"后，运用AI技术去生成自己需要的文案。

利用AI技术按目标优化文案

利用AI技术生成的文案是不是十全十美呢？要是我觉得这文案内容

还行，但也就是个 60 分的水平，怎么办呢? 它可以提升到 90 分吗? 其实，这些问题并不难回答。因为 AI 技术可以帮助我们按目标去优化文案。

比如，我要优化前文生成的那条关于人工智能应用的文案，就需要重新给它一条指令："要求该文案更具备可读性，朗朗上口，获取更多赞和评论。"ChatGPT 收到这条指令后，我再去看文案，果然发现文案比之前更完美了(如图 1-5 所示)。

当然，这只是与 AI 最简单的交流方式。复杂一点，应该这样发出指令：

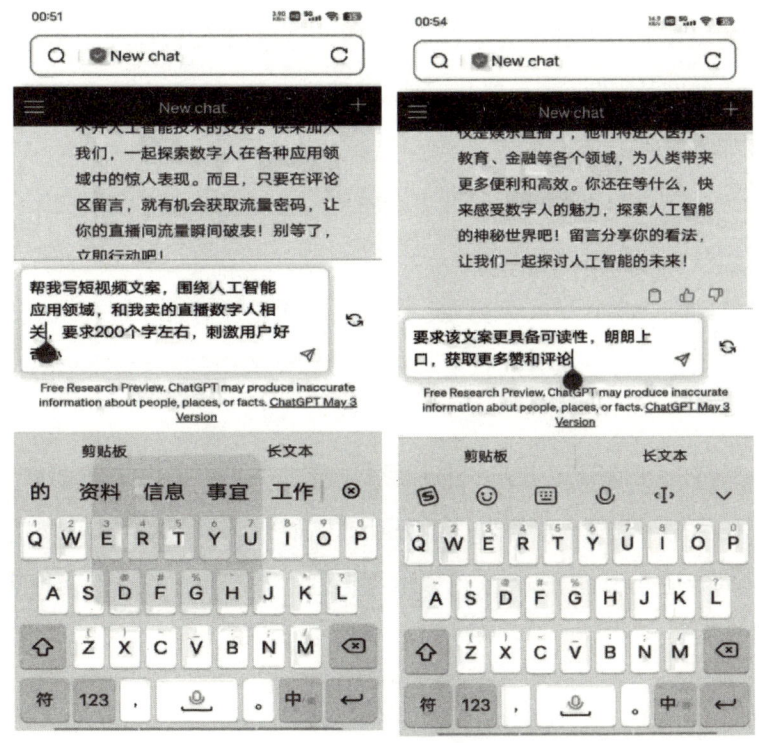

图 1-5　给 ChatGPT 提要求

我是××，帮我做××，并且严格执行：

1. 我的用户是××

2. 植入关键词××

3. 要求文案风格××

4.……

如此去优化内容会更加成功。

这就是AI任劳任怨的表现。我们一旦对文案不满意，就可以按照自己的目标去优化它。

拥有一条快速生产关键词的文案，别人一搜索，我们利用该文案做出的短视频、直播就会排在前面。哪怕我们不做短视频、直播，只配上一些图片，发一下小红书，别人一搜索，我们还是会排在前面。这样就非常好了。

这就是有的账号一天时间可以做出100—500条小红书文案，可以横扫网络的原因。

特别在一些线下实体行业，这个倾向就更加明显。如果你一天只发一两条，同行一天发几百条，那他们发的营销信息就会将你的全部淹没。

当然，ChatGPT并非我们利用AI技术生成和优化文案的唯一选择。国内有一些AI软件也非常好用，比如知识星球等（图1-6即为知识星球应用界面）。大家可以根据自己的需要和喜好选择使用哪种软件。

1 AI+文案：0成本大数据变现法

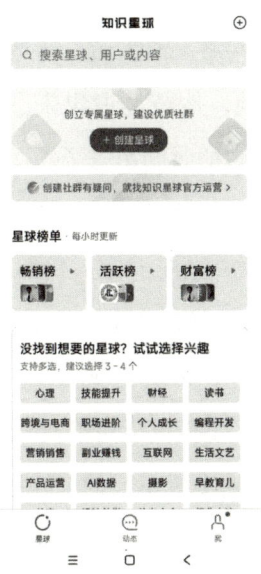

图1-6 知识星球应用界面

▪▪▪▪▪ AI技术在文案中的其他运用

文案有了，我们再把文案传送给一个数字人，就可以立即生成视频。我们团队就有这样的数字人。他的声音、动作、语言、姿态和真人是几乎一样的。[①]他在网络上说的话，都是通过ChatGPT生成或优化出来的。文案输送给他，他就能说出来，这样就生成了一条视频。有了数字人的帮忙，连剪辑的时间都省了。

在AI技术的支持下，我们团队10秒钟就可以生成一条文案，一天可以生成2000条视频。这样一来，我们团队很容易就能"跑"出拥有流量的爆款视频。这些爆款视频可以为我们团队赚取流量费、广告费，还可以引流到直播间，带货变现。

这是一种普遍的打法，不仅仅适用于我们团队，也适用于其他商家。

有人说，数字人直播确实挺不错的，但是通过AI生成的文案，我怎么看都觉得有问题。这种担忧确实有一定的道理。那么，我们怎么优化文案才能为数字人直播提供更好的支撑呢? 常见的解决办法有两个。

第一个办法就是使用ChatGPT、Claude AI等或国内集成的AI软件的付费版去优化文案。这类软件的付费版在高级功能及个性化设置方面更为丰富，更能够满足商业需求，提供更好的服务。它们生成或优化的文案质量更优秀。

第二个办法就是找到对标视频(文案)，并在此基础上进行微创新。比如，我们是一家做火锅的餐饮企业，想做出来90分的引流文案。这时，我们需要找到一个对标的品牌。经过一番调研后，选定了小肥羊火锅[②]。我们可以在抖音上搜索"小肥羊火锅"，随后点击页面最右侧的漏

[①] 鉴于真人制作的数字人，在制作前必须经过对方的授权。后文不再赘述。

[②] 小肥羊火锅，现名"快乐小羊"，但其在新媒体平台主要还是用"小肥羊火锅"的名义，下文同。

斗，就会在下面出现"最多点赞""半年内""5 分钟以上"等按钮。点击"最多点赞"，我们就会看到抖音上历史最高点赞的一条关于小肥羊火锅的视频（如图 1-7）。

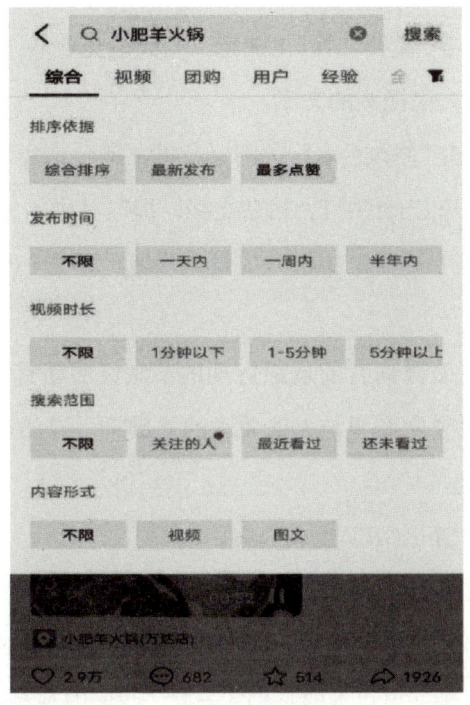

图 1-7　搜索对标视频

接下来，我们就要把这条视频的文案提炼出来，再加上我们自己的创意进行微创新。具体步骤如下。

第一步，点击视频下方的转发键。

第二步，点击"复制链接"。

第三步，下载创作猫 App（切记，一定要用手机端的 App，而非电脑端的），注册登录。

第四步，在创作猫首页点击"链接转文字"。

第五步，把第二步复制好的链接放到光标停留处，点击"粘贴内容"。

第六步，点击"免费转换"（注意：一天能免费转3条）。转换完成后，得到小肥羊火锅视频的文案。

第七步，点击"修改台本"的图标，将文案全选复制。

第八步，打开ChatGPT，粘贴文案，提取其中的关键词。

第九步，在ChatGPT中植入关键词和其他要求（即调教SEO词+其他要求）。

注意，这些关键词有的是跟近期的节假日活动有关的，有的是小肥羊火锅爆品视频文案里与火锅关联的关键词，有的是我们通过巨量算数搜索得到的。

第十步，用ChatGPT生成文案。

有了这个文案，下一步就可以打开剪映，直接用文案生成视频，再配上各种图片，然后发出去。我们可以通过这种方式一天生成几百条甚至几千条视频。更可贵的是别人一搜，我们的视频还能排在前面。

同样，这个文案也可以用于直播带货。当别人搜索关键词，我们的直播间排名也在前面。同时，直播话术脚本也有了。它可以帮助新手主播吸引目标用户，帮助熟手主播打破无法持续、免费、获得精准流量的瓶颈。

更重要的是，不仅是线下商家可以做，线上企业也可以做；不仅是商家和企业可以做，个人也能行！

知名企业AI+文案应用

现在很多企业都使用AI技术来进行各种文案的创作。以餐饮行业为例，可口可乐、麦当劳、星巴克、汉堡王、必胜客、库迪咖啡、小肥羊火锅等企业的经验都可以借鉴。它们对AI+文案的应用主要集中在以下几个方面。

1. 引流文案写作

可口可乐使用ChatGPT，可以吸引很多文案高手，把他们的思维融入ChatGPT里去生成基于可口可乐的一些非常经典的文案，包括宣传语、口号、产品描述等。这样的做法不仅大大减少了可口可乐在文案方面的压力，还可以将更多的人力布局在推广、执行等工作上，进而提高了品牌知名度，增加了产品销量。

2. 视频制作

近年来，麦当劳在视频制作方面投入了大量精力。它的获客视频很多都是用数字人做的。另外，麦当劳还跟皮卡丘、哆啦A梦等IP合作，通过AI生成脚本，创作生动有趣的广告片段和故事性短片。它在视频制作方面的这些努力极大地提升了自身品牌形象，吸引了更多的用户。

3. 社交媒体广告投放[①]

星巴克在社交媒体广告投放方面已经做到了行业顶端水平，它的秘诀就是进行精准投放。一来，星巴克编撰了精准投放的广告文案。二来，它利用LBS[②]进行了定向投放。什么是定向投放呢？举个例子。假如星巴克把主流客户锁定在了上海闵行区世博家园一带的所有消费者。在这一区域，凡是喝过星巴克的，喝过咖啡的，都会收到星巴克社交媒体的广告。

4. 小程序开发

汉堡王在小程序开发方面处在行业领先水平（小程序是实现数字化营销的重要工具），具体做法是通过便捷订餐预约和优惠活动来发力。虽然很多商家都有小程序，但是像汉堡王这样把小程序做到千人千面的还很少。什么是千人千面呢？准确来说，千人千面就是系统会根据每个人不同的生活习惯进行信息推送。这样的做法满足了用户的个性化需求，增加了品牌的订单量。而要实现千人千面，AI+文案在为每位用户提供个性化信息推送时发挥了重要作用。

[①] 经营者向消费者推送商业性信息，须遵守《个人信息保护法》等相关法律的规定，并获得消费者的同意。后文不再赘述。

[②] LBS，全称Location Based Services，意为基于位置的服务，是利用各类型的定位技术来获取定位设备当前的所在位置，通过移动互联网向定位设备提供信息资源和基础服务。

5. AI 客服

必胜客使用 ChatGPT 的智能对话技术训练自家的客服机器人，以便为用户提供更便捷的客服支持。它将一些用户常问的问题和答案通过 AI+ 文案的帮助传达给客服机器人。这样一来，用户的疑问得到了解答，企业的人力成本也大大降低了。另外，AI 客服在形象上通常都会让人赏心悦目，还很温柔、有耐心（这可以在制作 AI 客服时设置），某种程度上可以提升用户的就餐体验。

6. 虚拟形象设计

库迪咖啡为了改善经营状态，选择通过虚拟形象来进行新的尝试。比如，它利用数字人创造了一系列吸引人眼球的虚拟形象，并以这些形象作为自己的品牌形象（这些形象是 AI+ 文案加持的结果）。这样的做法不仅帮助库迪咖啡塑造了独特的形象，更帮助它吸引了用户的关注，提升了品牌认知度。

7. 数据分析

必胜客除了在 AI 客服方面发力，还在数据分析方面做得很出色[①]。它常常利用 AI 技术分析线上用户的行为数据，并以分析的结果为准绳

[①] 经营者收集、分析、使用消费者的信息或数据，须遵守《消费者权益保护法》《个人信息保护法》等相关法律的规定，并获得消费者的授权。后文不再赘述。

优化推广文案和广告文案，然后再进行推广和广告投放。这样的做法可以帮助必胜客精准定位目标受众，提高转化率。

8. KOL[①] 合作

小肥羊火锅在和 KOL 合作方面非常出色。它联系了一些美食达人来店里免费试吃，用 ChatGPT 给这些达人生成一些合作内容。达人来到餐厅，除了试吃、拍照不需要做其他工作。他们拿到这些文案，只要根据自己的情况稍作优化，再配一些图片，就可以直接宣发了。这样的做法，增加了餐厅的曝光度，扩大了品牌的影响力，提高了顾客到店率。

---

① KOL，全称 Key Opinion Leader，一般指关键意见领袖，指在特定领域拥有影响力和权威性的人物，能够影响其追随者的购买决策，常见于社交媒体、直播平台等渠道。

2

AI+ 短视频：线上线下快速导流变现法

AI引流变现8步法

- **1** AI+文案 0成本大数据变现法
- **2** AI+短视频 线上线下快速导流变现法
- **3** AI+投放 投1元赚68元变现法
- **4** AI+直播 真人与数字人混合变现法
- **5** AI+社群 裂变私域变现法
- **6** AI+IP 11件套持久变现法
- **7** AI+短阵 三位一体持久变现法
- **8** AI+管理 三板斧持久变现法

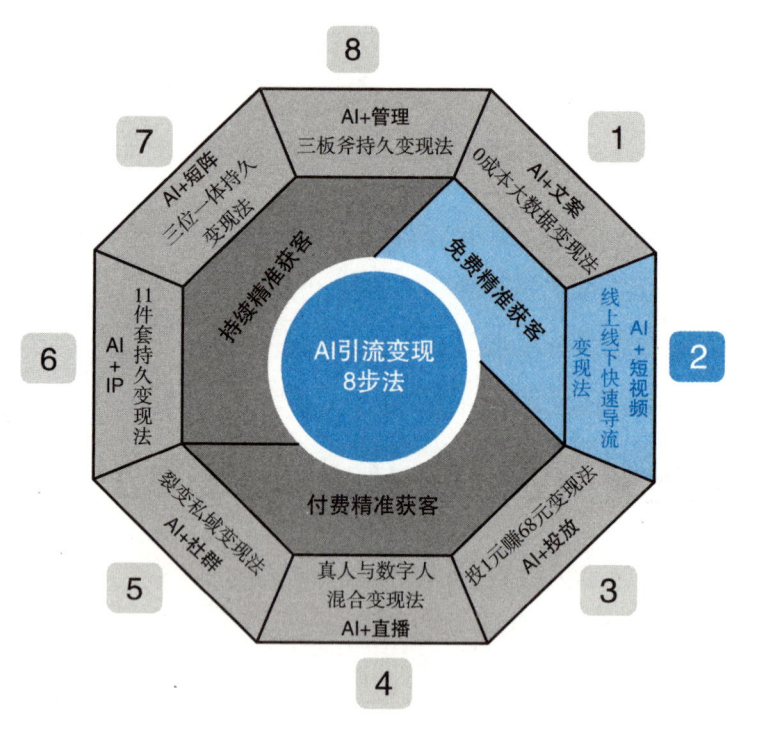

免费精准获客 / 付费精准获客 / 持续精准获客

使用数字人，切入短视频内容创作

通过前文，我们知道了不少利用 AI 生成、优化文案的方法，如何将这些文案更好地融入一个个数字人里，扩大自己的品牌影响力呢？首先，我们要生成自己的数字人。该如何生成呢？其实，一些软件里就有不少数字人模板（如图 2-1 所示）。从使用场景上看，有适合 PPT 里用的，有适合会议室用的，有适合餐厅用的；从效果上看，有 2D 的，也有 3D 的；从类型上看，有动漫型的，也有基于真人形象生成的。无论是企业，还是个人，都可以生成自己的数字人。

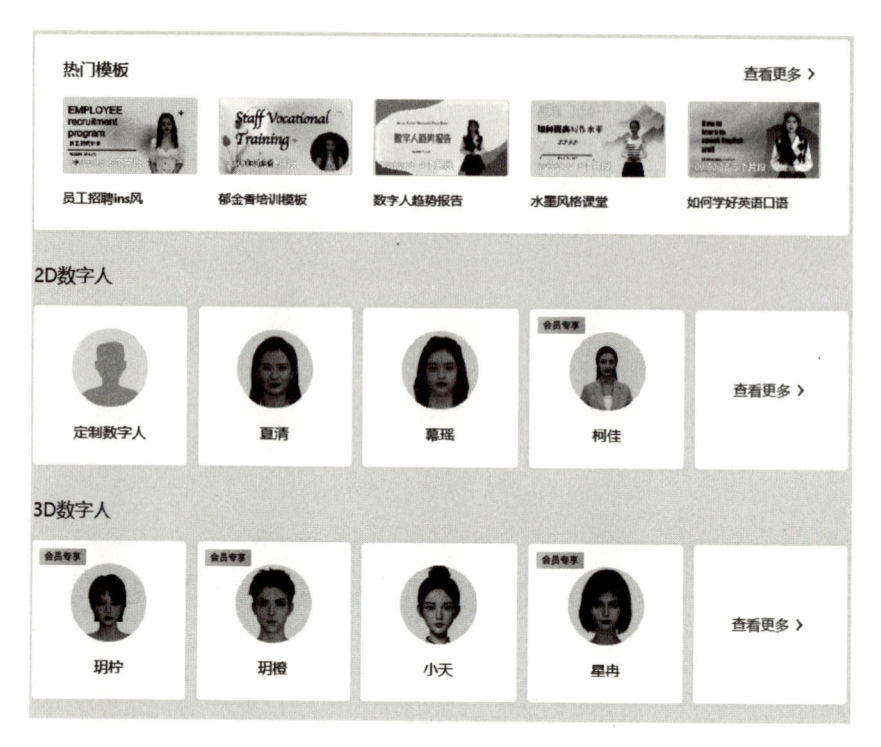

图 2-1 数字人模板

至于常用的数字人生成软件，有 HeyGen 和 Midjourney 等。

HeyGen 做数字人的方法主要是通过视频。具体操作就是我们把自己拍的视频上传到该软件上，软件把它生成数字人的样子。这种数字人相对比较低端，让人一眼看上去就以为是个假人。

Midjourney 做数字人的方法主要是上传照片合成。具体操作就是先用 Midjourney 生成 400—800 张图片，再将其合成数字人。因为素材较多，这种数字人更加形象生动，也更加真实。

我把 HeyGen 和 Midjourney 结合起来给自己做了数字人。我先用 Midjourney 给自己生成了 800 张照片。这些照片包含我的各个状态，有开心的、生气的、愤怒的、苦闷的……各个角度的都有。接下来，用Midjourney和HeyGen把所有这些照片完全融合成一个视频。最后，将该视频上传HeyGen，做成了我的数字人。

当然，在生成商用数字人的时候，我们不需要这么麻烦，使用其中一个软件再进行一些优化，基本上就能满足需求。要是上述两种软件使用起来不方便，我们还可以选择国内类似的软件。前文提到的知识星球就是个不错的选择。

生成数字人已经不是问题了，接下来我们还面临着一个新问题，那就是数字人不能只有一个形象。原因很现实，单一形象的数字人没办法满足所有应用场景的需要。要解决这个问题，我们可以从两个方面入手：一是根据应用场景需要生成多种风格的数字人；二是对已生成的数字人进行加持，为其进行一定的个性化定制，比如定制声音。目前，有一个叫作ElevenLabs（简称11Labs）的软件，已经可以做到克隆声音了。我们可以选择用别人或自己的声音来配合自己的数字人（注意：使用别人的声音一定要得到授权）。如果我们想要定制自己的声音，可以打开软件，大概说上1分钟的话，软件就会在很短的时间内生成我们的声音了。最终，我们就有了一个拥有定制声音的数字人。

数字人对企业很有帮助。此前，不少连锁企业都已经找到了自己的网红员工。比如，我在苏宁工作的时候，就跟团队一起培养了一名网红员工，她的单场带货量，光大家电的营业额就能达到110万元。现在，企业可以用数字人来扩大网红员工的影响。具体来说，就是为网红员工量身定制数字人（注意：要征得员工的同意）。真人员工需要休息，数字人可以实现24小时在线。有了数字人之后，我们可以把ChatGPT等生成或优化后的文案拿给数字人。数字人不仅可以用它们进行直播或与用户互动，还可以用它们做出若干个视频（注意：数字人的使用必须遵守投放平台的规则）。我们公司现在就使用了这种模式。凡是公司孵化的网红达人，都有1—3个数字人。

除了加持网红员工，数字人对于企业推广短视频和短视频新手制作者也非常友好。当数字人拿到了用ChatGPT生成或优化后的、包含大数据里全部相关关键词的文案后，它生成的1分钟视频就会出现在搜索的前列。至于数字人对于短视频新手制作者的友好，我们可以用一个例子来说明。某知名企业一个原来没有做过任何短视频的员工，掌握了数字人生成短视频的技术后，现在一天时间可以做140条视频，平均每条视频的获赞量在50—80个左右。

综上，我们不难看出，有了数字人的加持，企业在利用短视频引流方面将会取得长足的进步。

如何拍摄出高品质的短视频

用数字人制作短视频，确实优势明显，可是如果我们没有AI的加持，还要做视频获客，该怎么办呢？我们需要考虑视频获客的平台，看看平台是什么样的情况。目前，国内有抖音、快手、视频号、淘宝、小红书、知乎、B 站、微博等八大内容平台。它们有一个共性，就是重内容、轻制作。

在这些平台上，我们不需要用专业设备拍视频。不少企业没有意识到这一点，它们觉得用手机拍很落后，必须得用专业设备。那么，用专业设备拍摄的效果如何呢？很多时候，花重金制作的视频并不如想象中受欢迎。我接触的一些拥有百万级别粉丝的网红，他们那些深受粉丝欢迎的视频就是用价格在 2000 元左右的普通手机拍摄的。

与此同时，这些平台对内容的要求又很高，这就需要我们把通过巨量算数等提取的关键词融入文案里去。但是，内容还不是最重要的。它们是内容大于制作、形式大于内容、人设又大于形式的平台。人设指的是你得有 IP。有了 IP，你拍的视频才会有更多的曝光引流。不过，如果视频形式过于老套，也很难吸引大家的眼球。比如，抖音上有这么一个视频，有家火锅店的服务员一边溜冰，一边拍视频，一边让顾客猜谜，然后给顾客上菜。这种新颖的形式就容易引发大家的好奇心和探索的乐趣，进而帮助火锅店实现引流。

明确这些原则之后，我们就可以开始拍摄短视频了。如何才能拍摄出高品质的短视频呢？我们需要做好以下几个方面的工作。

1. 选择拍摄器材及相关软件

既然是"轻制作"，我们就不需要用专业设备去拍摄视频，用手机就可以了。不过，在用手机拍摄前，我们还需要下载一个很重要的软件——说得相机 AI 提词器（以下简称"说得相机"）。现在，抖音上的数字人形象，很多都是说得相机提供的原素材。除此之外，它还有以下功能。

第一，AI提词。说得相机是免费的智能提词器。我们将准备好的文案放进去后，说得相机会帮助我们掌控提词的节奏，让我们台词一遍过。无论是我们语速变化，还是加词、跳词，字幕都能实时推进。在拍摄过程中，不少人不太习惯用提词器，因为眼睛盯着提词器很不自然。如果用说得相机，它的字是不断往下走的，这样就可以让我们显得非常自然。

第二，AR（增强现实）演员。说得相机内置了丰富的3D虚拟演员。虚拟演员可以跟主播同框出镜互动，可以独立表演。说得相机还支持多个虚拟演员同时出镜。

第三，虚拟背景。这个功能使得我们在拍摄短视频或直播时不需要绿幕，就能实时一键抠像、一秒布景，并且效果跟有绿幕时接近。

第四，精准字幕。说得相机利用自研算法，能提高字幕识别精准度，大幅节省错字校正时间。这就为做本地生活的商家提供了便利。要知道，目前，做本地生活的商家十有八九是依靠讲方言来引流获客的。有了说得相机的帮忙，即便对方言有些地方没有听懂，也并不妨碍用户对短视频或直播间信息的了解。当然，电商做短视频或直播时，一般都讲普通话，这样说得相机识别起来就更省力一些。

第五，美颜美妆。说得相机有50+项口播专属美颜美妆，主播可以根据自己的风格需要来自定义美颜。流行滤镜+个性化美颜+百变风格妆，可以帮助主播轻松拍出好气色。

第六，一键分享。说得相机会在App内一键生成专属链接，作品安全上传云端，快速转发给各个平台，并且可以让每个平台上的用户都能秒享原画质量。

第七，更多功能。说得相机还有违禁词检测、镜像翻转、台词电脑端云编辑、支持音频外设接入（如"小蜜蜂"等，可以让声音更加迷人等）等众多功能。

说得相机的功能很全面，可以满足拍摄短视频的基本需要。需要注意的是，我们在拍摄前还需要设置一下重要的拍摄器材——手机的参数，这样拍摄的时候效果才会更好。

接下来，我以 iPhone 为例来说明手机的参数设置（如果使用的是安卓手机，操作类似）。我们先在手机里找到设置，点开后再进入相机，把格式改为高效；回到相机的界面，把录制视频设置成 4K/60fps，再把录制视频界面下面的自动 FPS 和锁定相机打开。如果没有任何外界收音设备的情况下，我们就要把录制立体声打开（具体操作时相机—录制立体声）。紧接着，我们可以回到相机的界面，把网格效果打开，方便对构图定位。当然，如果不习惯，可以不开。最后，回到相机的界面，打开智能 HDR（有些型号的 iPhone 默认智能 HDR 是打开的），手机参数就设置完成了。

2. 注意切换镜头

设置好手机参数，接下来我们就要开始拍摄了。虽然平台崇尚"轻制作"，但一些基础动作，我们还是要有的。比如，使用远景、全景、近景、中景、特写等景别进行拍摄。如果拍摄时总是一个景别，就容易让人觉得枯燥无味。这跟直播时主播互动时语调要抑扬顿挫是一个道理。拍摄短视频时，我们尽量要各种景别切换着用，避免始终一个景别。

那么，远景、全景、中景、近景、特写等镜头的状态是什么样的呢？详见表 2-1。

表 2-1　各种景别描述

景别	描述
远景	主要用于大场景的展示，比如拍摄风光、建筑、人海等等，一般采用无人机俯拍的视角，这样才能拍摄到足够大的范围
全景	主要用于表现拍摄场景的全貌、人物的全身动作，人与人或人与环境之间的关系
中景	摄取人膝盖以上部分或场景局部的画面，不仅能使观众看清人物表情，还有利于展示人物的形体动作
近景	表现人物胸部以上或景物局部面貌的画面，常被用来细致表现人物面部神态和情绪
特写	拍摄人物的面部、人体的某一局部、一件物品的某一细部的镜头，能突出细节、表现情感、建立氛围、增强节奏感

表 2-1 对于各种景别的解释比较偏理论，我们还可以像下面这样理解。

我走在茫茫的大山旁，大山和我融入你的眼睛里，小小的路上我在走。你在看我、看山，山那边也有人看你。

远景：拍摄位置就是能把大山和我都囊括进去，并且我整个人全部入镜。

全景：拍摄位置就是从我的脚到我的头。

中景：拍摄位置就是从我的大腿到我的头。

近景：拍摄位置就是从我的胸部到我的头。

特写：拍摄位置就是我的头。

在拍摄时，我们需要根据具体情况来选择景别。

对于远景，我们能不用尽量不用。原因主要有二：一是远景多用于企业宣传片，一般需要专业人士来拍摄。普通人对远景的驾驭能力通常比不上专业人士，强行使用效果反而不好。二是远景容易将竞品拍进去。

比如，你开了一家火锅店，用远景拍短视频不小心把海底捞拍进去了。你开了一家卖炸鸡的店，用远景拍短视频不小心把肯德基拍进去了。这对我们来说得不偿失。尤其是做门店经营的朋友，一定要非常注意这一点。

对于全景，我们如果经营线下门店，在拍短视频时就一定要用全景，甚至要让全景占到全部镜头的30%—40%。我们公司的主播达人每天都会外出探店，同时出去探店的有10—15人。我要求他们必须做好以下的事情：在拍摄时，如果有脚本，5—15秒前，一定要在门店外边拍一个全景，先把达人自己拍出来，即达人自己要出镜，再把这家店的门头拍下来。对于线下商家来说，门头是最重要的。把门头囊括进去之后，移一下镜头，这条路的街道就入镜了，竞品也就不容易入镜了。需要注意的是，在店外拍全景2—3秒就可以了，最多控制在5秒以内。到5—15秒的时候，要做一个运动的动作，到店里去，把店里的桌位、台位、装饰等全部拍出来。

做连锁、本地生活的朋友们需要注意，慎用中景。因为中景简单，很多人都喜欢用中景。某知名汽车品牌拍宣传视频的时候，甚至将中景一用到底。遗憾的是，中景的视觉效果却是几种景别中最差的。通常，使用中景比较多的是电视台。

在火锅店、西餐厅，拍近景就是拍顾客在那儿吃饭。拍摄的时候，千万别乱拍，得找到流量密码。比如，我去拍近景的时候，肯定是谁漂亮，我拍谁。入镜的人颜值高，流量相对也高。不过，在拍之前，我们一定要征求对方的同意。即便镜头中的人颜值一般，我们也可以用美颜相机帮他美化一下。再紧接着来个特写，把镜头移到他在吃的食物上。不管是什么品牌的食物，都会闪烁着诱人的光泽，让吃货们一看就口水直流。

对于做餐饮的商家来说，特写镜头必须得多用。有一段时间，我带着团队去拍淄博烧烤。我对着滋啦冒油的羊肉串被卷进小饼卷葱的时候，来了一个特写镜头，一种好吃的感觉油然而生。请记住，如果说要做出1分钟的视频，无论是做餐饮的哪个类目，特写镜头都要占到30%以上。当然，我们也不能只见食物特写，不见人物入镜。

另外，"推拉摇移跟"也是我们在拍摄时会用到的拍摄方式。不过，在日常使用中，推、拉、移三类用到的比较多。

推镜头：即把镜头推到人的面前。它表达的镜头语言是慢慢接近想表达的事物本身。比如，要表现西冷牛排好吃，就用推镜头。使用推镜头的时候，镜头要稍微稳一点。

拉镜头：即沿着拍摄方向，由近及远地从视觉上慢慢远离被摄的人物或景物。拉镜头的本质是放大全局，让大家能够看得更清楚。另外，使用拉镜头较多的短视频要注意投放平台。如果投放平台是抖音，轻易别用横屏。使用拉镜头时，身体稍微要往下倾一点、微微屈膝，角度控制在倾斜15—20度。

移镜头：即拍摄时机位发生变化，边移动边拍摄，主要是为了给观众交代一下左右的环境。

3. 调整曝光和焦点

用手机拍摄还要注意调整曝光和焦点。iPhone 在这方面设置比较容易，此处不再赘述。下面重点谈一下安卓手机的相关设置。打开安卓手机，点击"相机"，我们会看到图 2-2 中的小太阳，小太阳代表的是曝光值，也就是用来给视频整体提亮或者整体减光。将小太阳往上拉，可以整体提亮画面直至形成一片白色，一般用于环境比较暗、画面有欠曝的区域情况；将小太阳往下拉，画面的整体亮度就会下降，一般用于室外偏亮的环境。

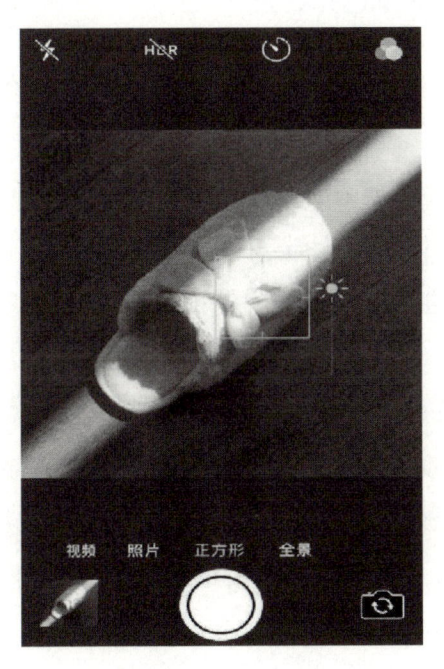

图 2-2 曝光和焦点

需要注意的是，不少安卓手机录像模式里还自带美颜模式。这就为我们省掉了在电脑上复杂的美颜操作。目前，大部分安卓手机在分辨率方面只能支持720P或者1080P[①]。我们尽可能要选择1080P/60fps，因为分辨率越高，代表手机的像素成像就越好。

此外，手机中的光圈也可以影响画面亮度。通常情况下，光圈越大，进光量越多，景深越小，背景越虚化，画面就越亮，清晰度就越差。光圈越小，进光量越少，景深越大，背景越清晰，画面就越暗，清晰度就越好。要想让画面更清晰，色彩更稳定，还是要使用专业模式。

4. 根据拍摄场景选择灯光

拍摄时，我们还要考虑拍摄场景，并根据拍摄场景选择灯光和进行后续的拍摄。

在室内拍摄时，要采用柔和的白光，适当增加明暗度，避免过度曝光。房间里的自然灯光大部分都是白光。而且，不管是方灯，还是圆灯，很多时候外边都是有一层布的，那层布叫作柔光罩。拍摄时，一定不要把柔光罩取下来。此外，还要注意通风问题。通风不好的话，脸上有汗，头发粘在脸上，拍摄效果也不会好。一般来说，在室内拍摄时，如果室内空调温度调得较低，出镜的人可以适量多穿点衣服，这样才能更好地保持状态。

具体拍摄时，要调整好拍摄的距离和角度，将重点放在视觉和美感上，适当减少抖动。现在手机基本都有防抖功能，必要时可以购买

[①] 目前，市场上已有支持1.5K、2K分辨率的安卓手机。不过，很多平台最多只能支持分辨率1080P的短视频，分辨率超过1080P的短视频投放后会被压缩。

云台、三脚架。

在室外拍摄时，要多利用自然光。在光线明亮时，我们要避免曝光过度或者使用曝光补偿。如果效果不佳，就可以使用遮光板，以减少曝光。具体拍摄时，要利用镜头微调景深和人物的位置，调和人物与环境的关系。

拍人物时，要注意多用柔光灯。有时候柔光罩还得多加两层。有时候镜头中的人戴眼镜，脸上再出汗，没有空调，就会有些反光。所以，柔光要多一些，或者把灯移到人物侧面或者后面，增加人物的整体轮廓感。一些大主播在进行促单带货的时候，就会把轮廓灯放在后面，这样能够渲染出一个人伟岸的形象。所以，如果想更体现有深度感觉的时候，要多用轮廓灯。具体拍摄时，可以多使用一些小景深，或者加上一些背景虚化的效果。

拍家电时，要避免使用冷光，尽量使用温暖柔和的光源。这样可以提高家电的质感。具体拍摄时，尽量保持手稳，或者使用三脚架、云台。这些设备的加持会让拍摄出来的家电看起来非常有质感，吸引用户去购买。

拍景色时，要利用好远近对比。假如拍户外，要处理好景物的远近感，突出主体，要将主体放在画面的准确位置。主体如果是个人或者美食，千万别被人抢镜了。我们在拍景色时，要合理地搭配背景，达到画面协调，懂得使用流量密码。

根据拍摄场景选择灯光，并进行后续的拍摄，既能提升品牌的调性，又能帮助品牌获客。

5. 运用可全终端使用的软件剪辑

高质量的短视频同样离不开剪辑的加持。剪辑其实不用搞得那么麻烦，也不要使用一些特别不常见的剪辑软件。现在即使有几百万甚至几千万粉丝的网红，也都是用剪映进行视频剪辑的。剪映是抖音旗下的一款剪辑软件，目前支持手机移动端、Pad 端、电脑端全终端使用。

（1）剪映有哪些功能

第一，切割。切割就是快速自由地分割视频。但是，"智能镜头分割"请一定慎用。因为智能切割实际上就是"一键切割"，一键切割有时候会出现一些不可预期的情况。切割视频主要切的是气口。像说错话、大喘气等这些节点就属于气口。有时候语速加快，就是为了方便后期切割视频。

第二，变速。剪映的变速在 0.2—4 倍，也就是说，节奏可以放慢，也可以加快，节奏快慢可以由我们自由掌控。一个人怎么才能展现出很好的镜头感？要对镜头熟悉，熟了才快，才有气场，才有感觉。新手一般镜头感会差一些。当新手参与短视频拍摄时，我们可以先把节奏调慢，然后再调快。

第三，倒放。倒放是时间倒流，让人感受不一样的视频。比如，一个男人进入餐厅就餐，然后又退回餐厅门外，正准备进去，视线所及处是一个正在就餐的女生。这就会给观众一种感觉：有故事！接下来，他重新走进餐厅。在短视频的日常拍摄中，倒放用得少一些。

第四，画布。画布就是多种比例和颜色随心切换。在不使用 AI 的情况下，我们如何 1 分钟内生产两条视频？最简单的方式就是把比例调一下。比如，可以把 9∶16 的竖屏视频调成 16∶9 的横屏视频。

第五，转场。当视频的内容比较枯燥时，我们可以采用转场的方式来增加画面的变化。转场在线下门店的短视频拍摄中不大常用。

第六，贴纸。贴纸在短视频里扮演了有用、有趣的角色。我们经常看到的"9.9 元""19.9 元，欢迎光临!"以及笑脸、爱心等图案，都要用到贴纸。

第七，字体。我们在抖音上看到的很多爆款视频是没有做过投放的。它们没有做投放，还成了爆款，是字体、声音、曲库等做出了很大的贡献。剪映的字体里收录了不少爆款字体。从实践来看，爆款字体的完播率更高。虽然如此，但我们在选择字体的时候一定要注意版权。即便是剪映字体库内的，也要注意授权范围。在应用声音和曲库的时候也要如此。特别是取自其他平台的素材，要注意版权，注意授权范围。我自己在制作短视频时常用的是刺绣中文字体。

第八，曲库。曲库有两种用法：一种是使用抖音爆款曲库里的爆款音乐，另一种是使用独立风格的音乐。要使用抖音爆款音乐，就找抖音每周音乐排行榜。要使用独立风格的音乐，就找一些有特点的。在添加音乐时，我们需要注意：在视频中不出现主体讲话的情况下，请使用一些带歌词的音乐；如果视频中的主体在讲话，请千万不要使用带歌词的音乐，用纯音乐就好了。音乐使用恰当，可以在不做投放的情况下，带来不小的播放量。以我本人为例。我的不少视频常用电影《精武门》(1982 年版)主角陈真每次要去打人时的配乐，现在我的一条视频在不做投放的情况下，也有十几万到几十万的播放量。选择音乐时，还有一点需要特别注意，那就是音乐(包括曲库里的音乐)的版权，看其是否已经得到了版权方的授权，授权范围是多大。如果没有拿到授权或使用场景超越了授权范围，即便音乐再是爆款或再有特点，也不能使用。

第九，变声。通常情况下，萝莉音、大叔音、怪物音都属于慎用的范畴。此外，我们还要注意视频中有一人分饰几个角色的情况，因为这样一来在同一个视频中就会出现多种变声。

第十，一键同步。一键同步就是把局部剪辑好的，如静音、字体等，同步到全视频中。

第十一，滤镜。多种高级专业的风格滤镜可以让视频不再单调，但不要乱用。比如，西餐厅一般要用高级灰或高级黑颜色的滤镜，中餐厅则多用一些暖色调的滤镜。

第十二，美颜。我们可以通过智能识别脸型，定制独家专属美颜方案。

（2）如何利用剪映进行剪辑

下载剪映 App，完成注册、登录之后，我们就可以开始创作了。

第一步，添加视频。

点击"+"开始创作，选择手机相册里需要编辑的视频，添加到项目里来。

第二步，视频编辑。

我们在拍摄视频的过程中，难免会出现一些失误。这时，就需要对视频进行切割（裁剪）。当我们把视频添加进来后，如果视频的开头很完美，是我们想要的，但视频中间某一段画面质量不好，我们就可以利用切割功能将其裁剪掉。

第三步，合并视频。

假如，我有个拍摄脚本。周一因为有事只拍了一部分，周二把剩下的部分拍完了。这时，我就需要把两个视频合并，该怎么办呢？先把第一个视频添加好，完成后再点右侧的"+"，添加第二个视频，两个视频的合并就完成了。在拍摄过程中，我们可能会运用到分镜头拍摄。如果想把这几个分镜头拍摄的视频合并在一起，只需把其中一个视频先添加上，再点右侧的"+"，将剩下的视频全部添加进来即可。

　　第四步，添加转场。

　　转场即救场。遇到视频画面拍摄不佳、表现力不强的情况，我们可以使用转场。不过，转场最好不要轻易使用。需要注意的是，在某些情况下，我们也可以根据需要利用转场来合并视频。

　　第五步，添加音乐。

　　如果视频拍摄出来噪音太大或者太过于单调无聊，我们就可以通过添加背景音乐来让视频变得更生动。添加合适的音乐还能让人产生共鸣，从而对视频加深印象。在添加音乐时，我们需要注意两个方面：一是要多找一些有情感驱动性的音乐，二是剪映上可以让我们使用的所有音乐都是有授权的（因为剪映是抖音旗下的软件，抖音已经取得了这些音乐的版权授权）。

　　第六步，添加字幕。

　　平时刷视频时，大家会发现，绝大多数视频都是自带字幕的。那么，这些视频的字幕是自动生成的吗？其实不是。字幕是通过后期剪辑添加上去的。我们可以自行新建文本，输入文字；还可以利用"识别字幕"功能，快速完成字幕台词的添加。当然，我们也可以在第一步添加视频后就添加字幕。看字幕去剪辑视频也是可以的。

　　第七步，特效和滤镜的使用。

如果拍摄出来的视频因为曝光过度或是曝光不足、光线不佳导致画面不好看，我们就可以利用特效和滤镜来调整优化视频画面。

跟转场类似，特效通常会起到救场的作用。滤镜的使用倒是比较常见。比如，我们要去一家高档餐厅拍摄，需要多用一些清冷的滤镜去提升整个画面的格调。

第八步，画中画。

画中画可以帮助我们实现两段视频同时在一个画面播放的效果，还可以跟蒙版功能连用帮助我们制作出经常看到的结尾引导关注的视频。

不少探店达人会使用画中画来剪辑视频。比如，探店达人可以把一条关于西餐厅牛排制作前、制作中的画面拍下来，直接以画中画的形式植入自己的探店视频里。使用画中画时，要保证植入的视频声音、画面的质量。除了自行拍摄，有时我们还会使用一些网上的素材来做画中画。不过，在使用前，我们必须搞清楚这些素材的版权情况。

第九步，导出视频。

完成对拍摄视频的各种优化后，我们就可以把视频导出来了。具体操作方式是点击视频右上方的"导出"，然后根据自己的需要选择保存到相册（手机）和草稿，还是分享到抖音、西瓜视频、今日头条等平台。导出视频时，我们要注意导出规格，一般选择1080P/60fps，这个分辨率也是适合短视频平台上传的规格；还要注意所分享平台的要求：想发在类似于抖音这样的平台，要导成9∶16的竖屏视频；如果想发在小红书、B站，一般要导成16∶9的横屏视频。

综上，我们不难看出，要拍出高品质的视频，除了拍摄团队的努力，还离不开手机和各类软件。每一个环节都用适合的软件,提取字幕的时候用创作猫,拍摄的时候用说得相机,剪辑的时候用剪映,这样才能集中它们的优势,让视频的效果更好一些。

▪ ▪ ▪ ▪ ▪ 运用AI技术生成短视频

优质的短视频确实让人赏心悦目,但我们必须明确,我们拍摄短视频的目的不是参加广告大赛评比,而是增加业绩。也就是说,我们要借助短视频去快速获客。如果此时员工特别忙,根本就没有时间去拍短视频,该怎么办呢?我们可以运用AI技术生成短视频。

运用AI技术生成短视频并不难。第一步,准备好相关文案。文案可以自己写,也可以在ChatGPT等AI软件的帮助下生成或优化。第二步,将文案导入剪映,利用该软件文字生成视频的功能生成我们需要的视频。利用剪映,大概一天能生成100条视频。当然,剪映不是生成视频的唯一手段。如果我们有数字人的话,可以把文案给数字人,数字人差不多一分钟就能生成一条视频。而且,数字人在形象上跟真人相差无几。

047

就拿我自己来说，我是真人和数字人混合出镜的。比如，某天，我在抖音分别上线了我的一条真人出镜视频和一条数字人出镜视频。到了某个监测的时间点，我发现前者有5162个赞、88条评论、约8万曝光量，后者有1万个赞、156条评论、约22万曝光量。

假如我要接着做直播，这条数字人出镜的短视频22万的曝光量可以带来5000多精准流量（在计算GMV时按照5000计算）。这些流量正常的转化率是1.76%，我带货的客单价是980元，这条视频给我带来的GMV就是5000×1.76%×980=86240元。

俗话说，天下武功，唯快不破。我们不要对拍优质视频过于有执念。有时，有人用一个星期的时间去拍一条视频，该视频也未必能获客或带来收益。我们必须牢记一点：拍商业化的短视频，能赚钱获客是关键。拿我这条点赞量1万的短视频来说，我从有这个想法到制作完成用了3分钟的时间。操作时，先把用ChatGPT生成的文案（包含我用巨量算数搜索的全部关键词）直接给数字人，用数字人生成短视频，再快速剪辑制作完成。而且，因为我的视频包含"热词"（即那些关键词），它排在了同类视频的前面，获得了1万的点赞量。

除了数字人、ChatGPT等AI技术的加持，我做出这个爆款视频，还注意到了两个细节。

第一个细节就是规避了数字人缺乏情绪价值的缺陷。为了规避这个缺陷，我的数字人在视频里戴上了熊猫头。当然，我们还可以采用其他方式来处理。比如，我的数字人在其他视频里戴了口罩。

有的朋友既不愿意戴熊猫头，又不愿意戴口罩，那该怎么办呢？我的建议如下。

一是选择无人出镜，只拍商品视频，再加上声音。对于大多数用户来说，跟商品相关的信息，比如性价比高、有赠品等，更有吸引力。而且，这样的视频，我们可以实现一天生成几百条的目标。

二是露脸是未来趋势，露出侧脸也可以。一些卖咖啡、炸鸡的账号就是这样做的。

第二个细节就是使用了引流道具。在这条视频中，桌子上还有法国香水、波尔图红酒、发财树。这些都是我买来的道具（当然是模型）。我为什么要放这些东西？因为这个视频要在抖音上线，法国香水、波尔图红酒、发财树都是抖音商铺中的爆款商品。用户一刷到这条视频的时候，就会发现视频中有抖音的爆款商品，而这些爆款商品会吸引他们的目光。这就是流量密码，或者说流量道具。一旦用户目光被吸引，他们就会停留。用户停留时间长了，我就会有收益了。所以，我们一定要学会在自己的视频里植入爆款元素。

除了用爆款元素加持外，我们还要把含有爆款元素的视频找到，进行研究模仿。

在找到含有爆款元素的视频之后，我们可以用剪映把原视频的声音去掉，只留画面，接着用ChatGPT或创作猫生成、优化文案，再把这些文案以声音的形式植入视频。这几步操作完之后，一条新的爆款视频就出现了。不过，这条视频属于标准的二次创作，要想商用，必须取得原视频作者的授权。

我们公司就用AI生成短视频的方式成功帮助客户实现了高增速获客。客户是一家采用会员制经营的高端私房菜餐厅（餐厅在海南）。对于员工来讲，他们的KPI[①]就是获客。博鳌论坛期间，餐厅的获客增速

---

① KPI，全称Key Performance Indicator，意为关键绩效指标。

为9%—10%。博鳌论坛结束后,餐厅老板要求还得继续保持20%左右的增速。怎样做能更快地让他们实现业绩倍增呢?

其实,最快的方法离不开AI。用其他方法做好短视频,再用AI去优化,费时费力,而用AI去生成短视频完全可以做到一分钟生成30—40条。如果一条视频中包含AI+文案中的全部关键词,那么它就大概率会成为爆款视频。"跑"出爆款视频之后,我们利用AI技术可以在一天之内快速生成更多的爆款视频。稍后,再把这些视频分发给具体的负责人,由他们在自己所负责的平台发布。这样一来,我们就能迅速占领市场。服务海南这家高端私房菜餐厅时,我们公司采用的就是这种打法。结果,在当地其他高端私房菜餐厅一天只能发一两条视频的时候,我们公司帮助客户迅速发布了上千条视频。最后,当地各大新媒体平台前100名的短视频几乎都是我们的客户发布的。他们圆满完成了获客任务。

用复盘优化短视频

关于短视频,我们不能只会拍摄和剪辑,还得学会复盘。复盘之后，我们才知道哪些方面应该继续保持，哪些方面应该改正优化。那么，我们该怎么去复盘短视频呢？或者说，我们要以什么为依据来认定短视频的优点和不足呢？客观的数据是复盘最好的指导。

举个例子。某高端餐厅是我们公司的客户。某天，该餐厅在抖音上发布了一条短视频。以下是该条视频截止到某个时间点的数据。

作品时长119秒，平均播放51.64秒。

作品表现：

作品播放方面，播放量为19万，5秒完播率为82%，整体完播率为13%。

视频互动方面，点赞量为7178，评论量为2107，分享量为118。

粉丝数量方面，视频带粉量为672，粉丝播放占比为1%，粉丝完播率为29.6%，粉丝点赞率为22.2%，粉丝评论率为5.3%，粉丝分享率为0.3%。

我们在复盘这条视频时主要依据以下五个数据。

第一个数据，5秒完播率。

5秒完播率，指的是一条视频的前5秒钟，有多少人把它看完。如果5秒完播率很低，就代表这条视频很失败，这就是我一直请大家注意国内八大内容平台遵循的是"轻制作，重内容"原则的原因。抖音规则看的是5秒完播率，及格率是50%。我们可以通过抖音创作者中心或企业服务中心看到自己的视频5秒完播率是多少。某高端餐厅的这条视频的5秒完播率是82%，数据很不错。

第二个数据，平均访问时长。

这个数据就是用户平均观看时长除以视频总时长得出的。某高端餐厅的这条视频的平均观看时长是51.64秒（为了计算方便，我们用

52 秒来计算）。这条视频总时长是 119 秒，结算出来，它的平均访问时长高达 0.43，而抖音上这个数据的及格线是 0.3。

第三个数据，点赞率。

普通行业视频的点赞率在 3%—10% 都属于合格，但餐饮行业视频点赞率 10% 才算合格。某高端餐厅的这条视频，点赞率只有 3.7%，视频制作者就要思考一下怎么提高点赞率了。

第四个数据，互动率。

互动率就是把点赞、收藏、转发分享加在一起的总和除以总播放量乘以 100% 后得出的数据。像某高端餐厅的互动率，就是点赞量 7178，加上评论量 2107、分享量 118 之和，除以 19 万的播放量乘以 100%，得出结果为 4.9%。这个互动率属于一般水平。正常情况下，大部分行业的互动率应该达到 5%（抖音规定的互动率合格线为 3%）。视频互动率越低，用户消费的可能性就越低；互动率越高，用户消费的可能性就越高，即引流或变现的成功率越高。

第五个数据，单粉。

单粉指的是这条视频做到一定程度，投 100 元的 DOU+[①] 试一下，看看吸引一个粉丝需要多少钱。获得粉丝数量多少，往往代表着这个账号是否健康，是否有魅力。越有魅力的账号和内容，吸粉的价格就越低。通常情况下，在抖音，投 100 元的 DOU+，能带来 5000 的流量，大概能吸引 50 个粉丝。也就是说，吸引一个粉丝的成本是 2 元。经过监控发现，该条视频在投 100 元的 DOU+ 之后，吸引一个粉丝的成本是 1.7 元。1.7 元在大部分行业是吸粉成本比较低的。

---

① DOU+ 是抖音内容加热和营销推广产品，适用于视频和直播场景，能提升曝光和转化效果。

有了这些数据，我们在复盘短视频的时候就可以根据它们对问题进行一一排查。以下是这条视频几个最突出的问题。

第一，没有及时更换衣服和发型。如果同一件衣服、同一个花瓶、同一个发型，总是出现在同一个画面里，该视频不仅不能给用户带来好的视觉体验，还容易被系统误伤（如被限流）。做服务类账号的，尤其要注意。除非视频非常有特点，有"视觉锤"（后文有详解），否则慎用。比如，我在短视频出镜的时候经常戴口罩或熊猫头。口罩或者熊猫头就是我的"视觉锤"。某高端餐厅的这条视频为什么点赞率低，互动率也略低于合格线？有可能就是被系统误伤了；还有可能是用户觉得视频里的人天天都是这身衣服，没什么新鲜感。

第二，没有进行蓝V认证。这是一个很大的问题。因为没有认证蓝V，去发一些广告或者引流的话，是有风险的。当然，蓝V和企业号不是一回事。在抖音上，注册企业号是免费的，而且个人号也可以申请变更为企业号。企业号进行蓝V认证，主要有五大优势：一是拥有抖音官方认证标识，能够提高用户对品牌的信任度。二是可以创建个性化品牌页，对自身品牌进行个性化展示，还可以加入自家官网链接，提升用户对品牌的认知度和转化率。三是可以发布更多高质量、专业化的视频内容，提高用户对品牌的关注度和互动度。四是可以获得更详细、精准的用户数据分析和监控，了解用户对品牌的关注度和兴趣点，优化品牌的营销策略和内容创作。五是可以获得更多的商业合作机会，提高品牌的曝光度和商业价值。

一个营业执照能认证两个企业号。蓝V认证费用是600元。目前，不少企业都是先注册企业号，把企业号做起来之后，再认证成蓝V。当然，也可以选择注册企业号后直接认证成蓝V。

第三，内容水平太低了。某高端餐厅的这条视频虽然有19万的播放量，但内容方面有很多是其他视频的内容截图放进去的，并且关键词的植入也不够。

第四，关键词嵌入出现了一些偏差。现在大家搜索关键词很多时候都是用AI，怎么还会出现关键词偏差呢？原来，都是"高端"惹的祸。跟某高端餐厅关联的关键词里有不少知名人士的名字，结果导致一些消费者在看到这条短视频的时候感觉自己根本消费不起，就直接划走了。因为该高端餐厅是我们公司的客户，了解内情的我知道，就在直接划走的这些消费者里还是有一些可以消费得起的。

由对某高端餐厅这条视频的分析，我们可以看到新手账号做短视频的一些不足。下面，我们再来分析一下成熟账号做短视频的情况。

表2-2是我们给星巴克某门店在抖音上发布的某条短视频做的数据分析表。这张表上有视频、日期、播放量、互动率、互动量、涨粉率、涨粉量、咨询率、咨询量、导流率、导流量，其中最关键的指标是导流量。

2023年8月8日，我们去查了该条视频的相关数据，假设此时该条视频有1万的播放量。下面，我们需要分析四组数据。

第一组，互动率/互动量。

互动率就是互动量除以播放量乘以100%得出的结果。在抖音上，如果视频互动率低于3%，就代表该视频的内容没有获得用户认可，没有达到有趣、有用、有共鸣的标准。点赞、评论、转发、收藏都属于互动量。

第二组，涨粉率/涨粉量。

涨粉率是大家都比较关注的一个数据。在抖音上，涨粉率低于1%，就说明这条视频的内容不及格。涨粉量是指这条视频带来了多少粉丝，

表 2-2 星巴克某门店短视频数据分析表

视频/日期	播放量	互动率	互动量	涨粉率	涨粉量	咨询率	咨询量	导流率	导流量
《××》/2023年8月8日		低于3%（互动量÷播放量×100%）		低于1%（涨粉量÷播放量×100%）		低于1%（咨询量÷播放量×100%）		低于10%（导流量÷咨询量×100%）	
根据数据自查		内容是否符合有趣、有用的原则		账号搭建体系是否有温度、值得被关注		内容是否有明确引流的设置		人物/账号IP需要加强	

也就是单条视频的吸粉量，这个数据我们可以在抖音账号后台看到。假如单条视频有1万的播放量，结果连500个粉丝都没有吸引到，就说明这个账号没有价值。毕竟，对于粉丝来说，只有有温度，能提供有趣、有用内容的账号才值得关注。

第三组，咨询率/咨询量。

什么是咨询？对于餐饮企业来讲，就是问餐厅在哪儿、有没有优惠券、最近有没有什么活动、有没有积分、怎么办会员的私信数量。对于抖音上的餐饮企业账号而言，咨询率低于1%，说明这个视频做得不好。

咨询率是咨询量除以播放量乘以100%得出的结果。比如，该条视频有1万的播放量，如果要达到及格线，就要收到100个咨询。至于咨询的形式，可以有很多种。如果没有达到100个，就证明这条视频在获客方面不达标，我们需要在巨量算数或者在小风车[①]等地方做得更好才行。

当然，咨询率不能低于1%，这是对餐饮行业的要求，其他行业并不需要遵循这个标准。比如，一般车企的咨询率就在0.15‰左右。

第四组，导流率/导流量。

导流率是导流量除以咨询量乘以100%得出的结果。比如，该条视频1万的播放量，有100个人咨询了怎么办会员、门店在哪儿、有没有优惠券、当地有没有，然后有20个人到当地门店消费了，那么导流率就是20%。而在抖音上，餐饮行业的导流率要求是10%。如果到店消费的没有达到10个人，就说明账号建设有问题，企业账号的IP建设要增强。不然，做视频就没有什么意义了。

---

① 小风车，抖音直播间中展示和分享商品的工具。

通过复盘，我们了解了自己做短视频的优势和不足，然后就可以根据要达成的目标优化短视频。如果是为了做品牌，就要把短视频的互动、涨粉做起来；如果是为了营销、获得最终收益，就要把短视频的导流做起来。

▪▪▪▪ 如何迭代短视频

关于短视频，我们除了会拍摄、剪辑、复盘，还得学会迭代。如何迭代短视频呢？我们可以从以下九个方面入手。

第一，找到爆款视频，看一下评论区里有没有未被满足的需求和高赞评论。

因为单条视频不可能满足所有人，特别像那种几十万甚至是百万级播放量的视频，更是不可能让每个人都满意。有一次，我们公司的达人给一家茶饮企业拍了一些视频。拍完在平台上线之后，其中有一条视频收获几万个赞，但后边的评论里出现了一条不一样的——"主播，我不想看你喝的这个饮料，下次拍视频的时候，能不能换成椰奶咖啡或者椰奶的其他饮料？"这就是用户需求。我们可以根据这个评论提供的角度生成新的视频。另外，我们还需要点开评论区，看里面的高赞评论。比如，有个高赞评论是"主播，你的手好漂亮"。那下次，我们再拍视频的时候，可以让主播的手多出镜。

第二，看服装、化妆、道具是否和内容主题不符。

我就吃过服化道跟内容主题不符的亏。有一次，由我带队去广东给一家茶餐厅拍视频。这家茶餐厅整体装修偏粤式风格，里面还有一些火锅。因为是做广东本地生意，所以探店达人或主播以广东本地人为最佳，而且最好是女孩。广东女孩普遍骨架比较小，人比较瘦，肤色不是特别白，穿衣偏于简约保守。我们团队的一些达人都是身高在1.72米的女孩，无论是个人风格，还是服装风格，都跟这家茶餐厅的风格是不匹配的。

在化妆方面，多数广东女孩要么纯素颜（不化妆），要么化港风浓颜妆。可我们团队的达人化的是少女妆，跟拍摄地的茶餐厅风格根本不匹配。

所有的视频里都要有相应的流量密码。我们团队在道具方面也是失败的。

这就导致我们整个视频都拍得很糟糕。

第三，看内容是否枯燥，是否有反转。

如果整个短视频的内容全部平平淡淡，跟念稿子一样，那肯定是不行的。最好有一点反转。

第四，看镜头是否枯燥，是否有"远近中全特""推拉摇移跟"等拍摄技巧的切换。

我们拍视频的时候，千万不要使用太多的近景，因为太多的近景会让人看着很枯燥。当然，远景的使用也要注意，因为进入镜头的事物过多，容易在不经意间引发版权问题。

第五，看画面是否足够清晰，镜头是否足够稳。

我们要检查视频拍摄里的 1080P 是否设置了，立体声是否设置了，用来拍摄短视频的手机是否已能达到最佳状态。即便手机再贵，如果手机的拍摄参数没有调整到位，效果也很难保证。与此同时，还要看镜头稳不稳。尽管有些平台对于镜头稳不稳没有特别严格的规定，但如果镜头抖得厉害，就会直接影响短视频的质量。

第六，看剪辑是否顺畅。

具体来说，就是看气口有没有剪掉，特定情况讲得不好的地方有没有剪掉。我在录课和直播的时候，语速稍快的原因，就是为了剪辑的时候方便。

第七，看语气、表演等表现力怎么样。

比如，一条视频里植入的广告，看看评论区，看看大家对视频里的表演是什么样的态度。

第八，看 logo 出镜是不是长达 5 秒。

即便认证了蓝 V，一直露着 logo 也不是一种被鼓励的行为。比如，我拍的所有关于瑞幸咖啡的视频，没有几个是露着瑞幸咖啡 logo 的。小蓝杯是瑞幸咖啡的标志性产品。大家一看到小蓝杯，就会习惯性地想到瑞幸咖啡。我为瑞幸咖啡拍视频的时候，让小蓝杯出镜不就行了吗？干吗非得一直把 logo 露出来？如果 logo 出现长达 5 秒，就会让用户和平台两生厌。

第九，看声光影是否和内容调性相符。

比如，我们要拍的是中餐厅，就不能用冷光。用了冷光，光影和内容调性就不相符了。又如，明明是一个美丽的姑娘在优雅地吃西餐，她面前就不能放"小蜜蜂"来收音。我们做短视频，要注意"声、光、影、服、化、道"，这些都与内容的调性息息相关。

有了这九个方面的判断，我们就能知道自己制作的短视频与爆品的差距在哪里，应该从哪些方面入手迭代短视频了。

■■■■ AI+短视频线下引流课程：短视频讲故事技巧

表2-3是我们团队和某高校一起研发的课程的一部分——短视频讲故事技巧。该技巧涉及文案和人、货、场两部分。

假如一条视频有15秒钟，我们可以把它分为前面的1—3秒、中间的4—10秒、最后的11—15秒三个板块。我们要想研究该视频的文案，就可以用创作猫提取字幕的方式。

如果想要进行二创（须取得该视频作者的授权），就可以把该视频的文案+巨量算数搜索的关键词放入ChatGPT，以生成新文案。

如果想要对该视频进行优化、提升，就要注意评论区的高赞评论和未被满足的需求（此时文案的写作方法见表2-3）。

表2-3 短视频讲故事技巧

根据评论区高赞评论和未被满足的需求调整文案	人			货					场		
	服化道	静态动态/态度/表演	语气	商品	价格	品牌	卖点	景别角度	视角	场所	BGM	特效	声光影
文稿:15秒不变+评论区宝藏+幽默化金字塔												
拆脚本												
1—3秒												
中间												
最后5秒												

注:①"15秒不变"意为制作短视频文案的基本方式保持不变(15秒长视频只是例子),"评论区宝藏"指在评论区寻找高赞评论和未被满足的需求,"幽默化金字塔"指为短视频文案中加入有层次的幽默元素。
②BGM,全称Background Music,意为背景音乐。

061

接下来，我们再看人、货、场。

在人的方面，我们要考虑服化道、静态动态/态度/表演，还有语气。

服化道是最先要考虑的。比如，来自东北地区的达人不能直接按照自己的风格就去给广东的茶餐厅拍短视频，至少要穿一件符合广东当地审美的衣服；妆容方面，要么素颜，要么化港风浓颜妆；道具方面，要尽量带点儿流量密码，带的包一定不能太露 logo。广东人普遍是比较沉静的，我们在静态动态/态度/表演，以及语气方面，都要符合当地的风格，适合当地的情景。

在货的方面，我们要考虑商品、价格、品牌和卖点。

比如，我们要拍一个卖牛排的高品质视频，前 1—3 秒、中间 7 秒、最后 5 秒各自要拍哪些细节，都要进行深思熟虑的设计。紧接着，价格标签是不是要用贴片露出来，品牌是什么，卖点是什么，都要在货的方面清晰地融入进去。

在场的方面，我们要考虑景别角度、视角、场所、BGM、特效、声光影。

景别的角度设计是我们首先要考虑的。比如，三个时间板块各自都要用到哪些镜头，哪些用特写，哪些用近景，哪些用中景，哪些用全景。其次，要考虑视角。比如，门店获客类的视频，多用第一视角和第三视角，慎用第二视角。很多时候，第二视角的短视频很难获客。餐饮企业要做好获客视频，就不能学品牌类视频那种大全景的拍摄方式，而要做好植入关键词的文案，采用第一视角或第三视角拍摄。至于拍摄的场所，是在室内，还是室外，都要事先规划好。接下来，我们需要考虑用什么音乐，是用爆款音乐，还是用纯音乐或自己原创的音乐（使用他人创作的音乐要注意版权）。这里需要注意，慎用特效。要设计声音、光线、整个影像如何呈现。

这样，一个短视频就完成了制作，一个主题的故事也讲完了。

对于很多餐饮企业来讲，要做好市场，不能只讲好获客故事，还要讲好品牌故事。而要利用短视频讲好品牌故事，我们就要结合表2-3里提到的细节，利用好用户心情控制曲线。

什么是用户心情控制曲线呢？比如，我们在视频里要植入一个两个人到餐厅后的细节，无论是谈恋爱，还是讨论一件事情，都要考虑好视频受众用户的心情。从注意到兴趣，到了解，到欲望，到比较，到行动，到满足，这是一个完整的用户心情控制曲线。用户心情控制曲线，就是用来控制整个视频里的故事情节的。

注意： 假如拍摄镜头就是用户的眼睛，要吸引用户的注意，就要让两个人吵架，或接吻，或讨论一块牛排的好坏时充满画面感。

兴趣： 怎样才能引起用户的兴趣呢？比如，一个女生把某个东西一口吃完，这会引起相当一部分人的兴趣。毕竟，在普遍印象里，大多数女生都是细嚼慢咽的。

了解： 要多用快速跑步的镜头（即快动作镜头）、推镜头来让用户了解相关情况。拍故事的时候，要特别注意这些细节。

欲望： 欲望就是人的喜怒哀乐，这时就要用到特写镜头。我们可以用特别夸张的表情表现欲望。

行动： 顾客最后选择了哪个套餐？这就是行动。

满足： 满足一般是一个品牌推动的。比如，顾客一进来，餐厅直接给顾客打8折或打5折。顾客觉得在这家餐厅就餐性价比很高，非常高兴。

用户得到了满足，品牌视频就结束了，企业的品牌故事也讲完了，一部分意犹未尽的观众想对企业了解更多，企业的引流获客就实现了。

3

AI+ 投放：投 1 元赚 68 元变现法

AI引流变现8步法

- 1 AI+文案 0成本大数据变现法
- 2 AI+短视频 线上线下快速导流变现法
- 3 投1元赚68元变现法 AI+投放
- 4 真人与数字人混合变现法 AI+直播
- 5 裂变私域变现法 AI+社群
- 6 11件套持久变现法 AI+IP
- 7 AI+短阵 三位一体持久变现法
- 8 AI+管理 三板斧持久变现法

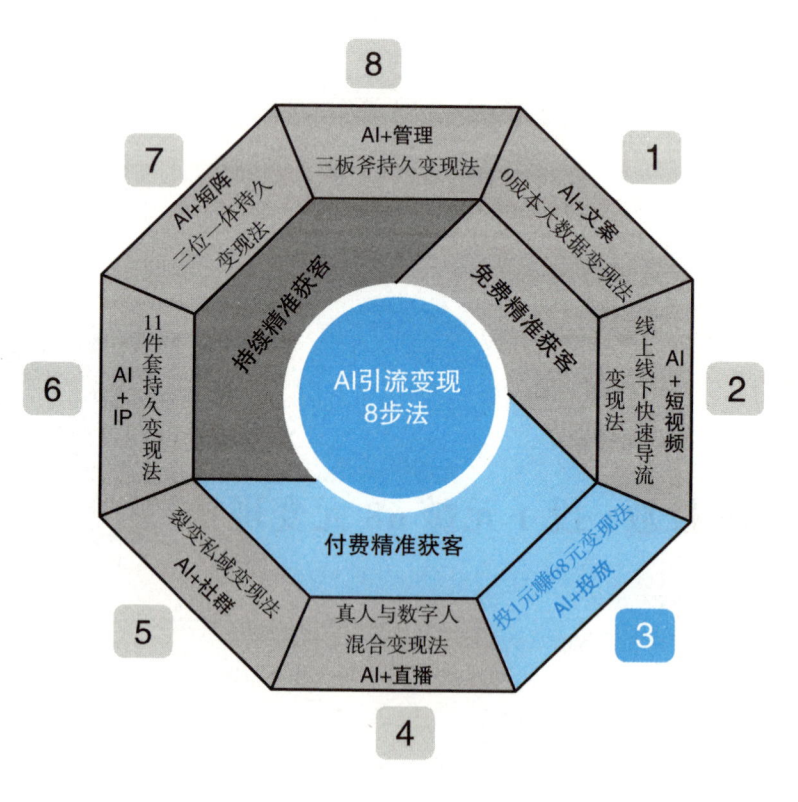

免费精准获客 / 付费精准获客 / 持续精准获客

▪▪▪▪▪ 投1元赚68元需要精准投放

如何让 GMV 实现投 1 元赚 68 元的目标？

举个例子。某品牌快餐店在抖音上做了投放，表 3-1 即为该品牌某个时间段内的投放情况。我们发现，该品牌平均投入 1 元赚到了 9.92 元。最好的时候，投入 1 元，赚到了 68.81 元。该品牌是怎么做到的呢？答案就是他们进行了精准投放。

表 3-1 某品牌餐饮店视频投放情况

投放计划名称	直接下单ROI
极速 – 智能 _ 下单 – 出 10.2	15.10
极速 – 智能 _ 成交 – 出 18-1	9.28

（续表）

投放计划名称	直接下单ROI
极速-智能_下单-出18.2	6.80
成本稳投_ROI_7.8-1	10.31
成本稳投_ROI_15	68.81
2022-09-01_成本稳投_ROI9	12.95

注：①ROI全称Return On Investment，意为投资回报率。
②全部投放计划的平均ROI是9.92。

如何才能做到精准投放呢？要想实现精准投放，就得积极了解用户。当然，即便不做投放，我们也要积极了解用户，这样才可以将私域、社群和直播做得更好。如何才能够积极了解用户呢？我们拿麦当劳一款主打夜宵来举例说明。

表3-2展示了麦当劳为了做好这款主打夜宵做出的种种努力。它对该款夜宵的目标用户进行了方方面面的研究，并为其画像，其中涵盖了年龄画像、需求画像、思想画像、工作画像、健康画像、情感画像、八卦画像、消费画像、学习画像等。我们如果有自己的会员系统，就可以像麦当劳这样进行详细的画像。没有会员系统呢？我们可以通过一些平台来了解。

比如，我在抖音注册了账号，要想了解自己的用户，就可以打开抖音，看看抖音官方给我标注的用户画像数据。具体操作时，先打开抖音的"我"，再点击右上角的三条杠，然后进入"抖音创作者中心"（如果账号是企业号，那就是"企业服务中心"），随后点击"全部作品"右侧的"更多"，进入"数据中心"，紧接着点击"粉丝分析"。当账号粉丝数大于100人时，账号的粉丝管理功能开通，我们就可以看到用户

3 | AI+ 投放：投1元赚68元变现法

表 3-2 麦当劳主打夜宵用户画像

画像种类	年龄画像	性别画像	地域画像	需求画像	时间画像	思想画像	工作画像	健康画像	情感画像	八卦画像	消费画像	学习画像
麦当劳主打夜宵	30—35岁	男性为主	北上广及新一线城市	希望拥有品质生活，至少看着像	22点以后有空	保守	互联网技术人群，非常忙碌	亚健康	未婚	喜欢探究新鲜事	月消费可支配改善生活费用1万元以上	双一流本科生为主

069

画像的全部数据了。

我们只有从方方面面了解自己的用户，才能做好投放，否则就是盲目浪费资源。此外，我们要实现精准投放，还要积极准备一些素材。至于素材怎么准备，我们可以通过抖音热点宝[①]来查看平台的活动和要求。

精准投放离不开AI技术

有的人做抖音账号，是自己想做什么，就做什么；管理者让做什么，就做什么；什么节来了，就做什么，很少注意抖音平台本身就提供了官方活动日历。这就使得他们所在的企业失去了一些非常重要的机会。

一般来说，抖音热点宝会提前两个月告诉我们平台接下来有哪些活动。拿餐饮行业来说，抖音7月有夏日清凉节，8月有美食节，这些活动大概都会维持半个月。作为餐饮企业，需要在活动持续的半个月

---

① 抖音热点宝是抖音官方推出的创作者工具。它的主要功能是全方位解读抖音热点数据，发布官方活动日历，助力创作者更好地洞察热点趋势，参与热点内容创作，获取更多优质流量。

内，让自家的视频素材贴近美食，这样企业的曝光率会大大增加。其他行业的企业也是如此。我们了解了平台规则，就能准备好投放预算，确定具体怎么投。

1. AI+ 投放的三个环节

以投流为标准，投放可以分为投流前、投流中、投流后三个环节。

（1）投流前：测试素材（短视频+直播）+商品（品牌固定）

投放是指在平台上进行广告推送和推广活动。它有两个必备要素：一是测试的素材，包括短视频的素材和直播的素材；二是固定品牌的商品。

有了测试的素材和固定品牌的商品，是不是就万事大吉了呢？很显然，事情没有那么乐观。不少人在上述两个方面做得也不错，他们的投放却没有产生预想的效果。这是怎么回事呢？一个很重要的原因就是他们做短视频太慢了，一天才1条，最多也就5条、10条，很多企业可以一天生成几百条，我们团队可以实现一天生成2000条。其实，一天能够生成几百或几千条视频并不难，运用AI技术就可以做到。做直播也是如此。正因为大批量地生成短视频，大批量地直播，才有可能在几千条视频里"跑"出一条高流量的视频。

普通素材一天能生产几百条，甚至上千条视频，可以不断地给线下导流。数据比较好之后，再把最好的一条投放出去。需要特别注意的是，我们一定要找爆品，不要去投一些自己都不想要的商品。

（2）投流中：投放手法 + 看屏调控

投流中，要注意投放手法，并注意看后边大屏的调控（后文有详细阐述）。

（3）投流后：优化售后 + 供应链迭代（根基不易动）

投流后要做好两件事，一件是优化好售后，另一件是处理好供应链的迭代。比如，牛排卖得特别好，结果供不应求了，这时供应链就应该迭代。

2. AI+ 投放注意事项

要做好投放，尤其是精准投放，还需要注意一些事项。涉及投流的投放策略尤其重要。

目前，涉及投流的投放策略主要有两种策略：一种是直投，另一种是短直投。

直投，就是做直播的时候直接投流的投放方式。直接投流直播间风险极大，很多人投流失败就是因为做了直投。比如，我想抢"鸡翅"这个关键词。最早，"鸡翅"进入直播间的成本是 0.07 元。后来，上海的某家连锁企业把成本抬高到 0.12 元。紧接着，湖南的某家连锁企业将成本跟进到 0.24 元。随后，广州的一家企业把成本抬高到 0.5 元。不久，北京的一家企业继续抬高价格……等到其他企业再进场的时候，"鸡翅"这个关键词的成本已经涨到 2—3 元了。

既然如此，我们是不是要放弃直投呢？那倒不必。要做好直投，就要在投之前做好测试。通过测试的，再去投。而且，就算做了直投，也不要一下子投入太多，而要在投流稳了之后再去扩大规模。

相比于直投，现在电商企业或做本地生活的企业在投流的时候更多选择了短直投。短直投需要什么样的视频呢? 该类视频必须同时具备两个条件：一是播放量超过 10 万，二是点击通过率 (CTR，又称曝光进入率) 为 4%[①]。这就决定了生产视频慢的人、还用最普通的方法生产视频的人，很难跟短直投发生联系。

在投放时，如果投 1 元赚不到 68 元，主要就是因为生产视频的速度太慢了。视频产出速度慢，决定了单位时间内曝光的视频少。这样一来，就很难挑出一条播放量 10 万 +，并且 CTR 达到 4% 的视频。如果一天能生产几百条甚至几千条视频，我们就很容易找出符合短直投标准的视频 (符合该标准的视频还包括有 10 万 + 的播放量，且能带来 4% 用户预留电话的视频)。

找到视频之后，我们就可以用巨量千川 (以下简称"千川") 加热它。千川投来的用户全都是付费用户。用千川去加热这条视频，原来 10 万 + 的播放量可以变成 100 万 +、1000 万 +，甚至 1 亿 + 的播放量；CTR 为 4%，也就是说，有 4 万、40 万，甚至 400 万用户会跑到我们的账号下预订、领优惠券。

相比于直投的风险大、步步为营，用 "'打爆'短视频 + 千川投该电商属性短视频" 方式做短直投，为一些企业提供了投流的稳妥做法。

---

① 点击通过率 (CTR) 和流量转化率 (CVR) 是抖音的两个重要指标。CTR4% 是指 100 个人看到视频，有 4 个人进入直播间。

073

■ ■ ■ ■ 利用AI技术进行投放数据操作

确认好投放策略之后，接下来我们就要进行具体的投放操作了。[①]目前，我们常用的投放工具是千川。下面我就以千川为例来对投放的操作步骤进行说明。具体来说，投放操作主要包括九个步骤。

1. 选择营销场景

选择营销场景，千万不要选择通投广告。什么是通投呢？所谓通投，即所有流程位投放，包括但不限于信息流广告、搜索广告等流量场景，寻找对你的商品感兴趣的用户并展示广告。虽然通投很全面，但我们投完之后常会面临 ROI 低的窘境。一旦这样的情况出现，投放就失去了意义，更别说还会付出不少成本。

既然如此，我们该如何选择营销场景呢？答案是选择搜索广告。这种方式虽然搜索费用会高一点，但带来的用户都是精准的。选择了这种方式，系统将根据我们的投放目标选择合适的流量场景，向主动对我们的商品表达兴趣的用户展示广告。这样的展示才是有效的，才能在后续催生连锁反应。

---

① 投放操作要遵守《电子商务法》等相关法律的规定。

2. 选择推广方式

选完了营销场景，我们还需要选择推广方式。推广方式主要分为极速推广和专业推广两类。

极速推广只需要简单设置，系统即可助力智能化投放。新手没有模型时不要投极速推广，老手想验证一下自己时，可以尝试。极速推广就是快速"烧钱"。

专业推广可自定义更多投放和创意设置，支持更丰富的定向人群选择。专业推广就是系统给推送专业且精准的用户。建议大家优先选择专业推广。

3. 设置投放方式

千川的投放方式分为控成本投放和放量投放两类。在设置投放方式时，建议大家尽量选择控成本投放，因为它可以优先控制成本达标，最大限度地使用广告预算。比如，我们的账号有1万元投放专用款。如果选择了放量投放，我们可能很快就把钱花完了。选择了控成本投放，我们可以按照实际情况把账号里的投放专用款设置为多长时间用完（还可以找AI帮忙）。需要特别注意的是，控成本投放中还有"严格控制成本上限"这个子选项。我们如果希望自己回旋的余地更大一些，就不要选择严格控制成本上限。

为什么这样讲呢？因为千川是一个开放式的平台，在千川上进行控成本投放的，不仅有我们，还有其他人。比如，在投放的过程中，我们看中了一个热词，出价2元想把它拿下。别人也看中这个词了，出价

2.1 元。只高出 0.1 元，我们决定继续跟进，提高一下价格。这时，如果之前选择了严格控制成本上限，我们就没办法再跟进了。要想继续跟进，就需要放弃严格控制成本上限这个限定。

至于放量投放，对新手商家跟投放资金不充裕的商家不太友好，建议这两类商家做投放的时候还是选择控成本投放为好。商家如果投放资金比较充裕，最好从自身实际出发，进行评估之后再决定是否选择放量投放。

4. 设置优化投放目标

这一步，我们要考虑的是优化投放目标，可供选择的投放方式有"进入直播间""直播间商品点击""直播间下单""直播间成交""直播间粉丝提升""直播间评论"。至于到底哪种方式适合我们，我们要根据用户情况进行细分。

"进入直播间"，就是用户刷到这个视频，刷到这场直播，就想点进去看。这种方式对于流量要求极高。比如，出镜直播的是个明星，很多用户一看明星都来这个直播间了，就很想点进去看看。在这种情况下，我们投"进入直播间"就很适合。投"进入直播间"如果效果不佳，就是人、货、场都不行，会伤士气。新手主播可以用这种方式来做测试，但不宜一直投它。

除了"进入直播间"，"直播间商品点击"的要求也很高。除非商品非常诱人，且商家能提供一些福利，否则最好慎选。

喜欢评论的，我们一投放"直播间评论"，有人就会点进去评论了。因为他们经常评论，系统就会把需要评论的直播间投放推送给他们。

如果为了促单，我们就可以投"直播间下单"或者"直播间成交"，这样有利于更好地引流。

如果想培养自己公司的员工成为网红，我们就要投"直播间粉丝提升"。

以上是公司做投放的选择。至于个人，没有特殊才能加持的普通人最好投"直播间下单"和"直播间成交"，直奔结果去迭代。如果本人是网红、达人等，就可以尝试投"直播间粉丝提升"和"直播间评论"。

5. 选择投放时段

选择投放时段时，如果资金充裕，我们就可以选择15点—22点；如果想精打细算，就需要从用户人群的特点出发来决定投放时间。

比如，有些企业的用户以全职宝妈为主。对于这样的企业，比较合适的投放时间是9点—11点。大数据显示，该时段是全职宝妈比较轻松的时间。如果企业用户以蓝领和司机为主呢？凌晨以后投放最合适。如果以大学生为主呢？14点—18点投放比较合适。这是什么原因呢？大数据显示，蓝领群体和司机群体通常工作比较繁忙，他们中的不少人到了夜深人静的时候才能休息；而14点—18点通常是大学生下午没课的时间，他们可以有更多的时间供自己支配。

6. 设置出价方式

出价方式该如何设置呢？其实，系统会根据相似店铺投放情况并经AI计算给出建议出价。比如，系统给出的建议出价是0.10—0.19元/观看。如果是比较模糊普通的投放，我们可以选择0.10—0.19元之间的 0.145 元，持平系统建议出价的中间值。如果是商业化投放，我们就应该从 0.10 元开始投；0.10 元投不出去，那就改投 0.11 元；再不行，改投 0.12 元……就这样不断去增加。看数据达标情况，判断加不加。加了再"跑"不动，那就继续加冲。卡屏送[①]冲互动，福利品冲成交密度，爆款冲 GPM[②]。

7. 进行定向人群投放

进行定向人群投放时，我们可以选择"达人相似"功能。具体来说，达人相似就是经过投放后，别家达人的粉丝能够看到我们的直播和视频。比如，我有一个卖鸡翅的同学，他投了一个非常有名的餐饮品牌。该品牌直播 11 点下播，他 11 点半上播，上播的时候直接投了一波"达人相似"，该品牌的粉丝就会收到 AI 推送的同学公司的直播。

如果找到合适的达人比较多，或者说想测试不同品类的达人定向效果，我们就可以进行分组测试。这样，我们通过比较不同组的计划投放效果就可以筛选出比较精准的达人，形成自己的达人库，在下次投放的时候复用。

8. 进行行为兴趣选择

完成定向人群的优化之后，紧接着我们要确认一下是要做定向广

---

① 卡屏送，即主播在卡屏直播（一种通过特效增强吸引力的直播形式）中给观众送虚拟礼物。

② GPM 即 GMV per Mille，意为千次观看成交金额。

告，还是要做策略。定向广告是涉及行为用户和兴趣用户的。什么是行为用户？什么是兴趣用户呢？下面我来举例说明。

比如，某个人爱吃披萨，大数据显示，他一周能吃三次披萨。这个频次可以充分说明，这个人很爱吃披萨。我们对他的账号进行了投放，他的账号就能收到我们的广告视频或直播，这个用户就是我们的行为用户。

如果我们不知道这个人爱吃披萨，但是大数据显示他爱吃鸡腿和汉堡，这就证明他是一个爱吃西餐的用户。我们通过投放让他能够收到我们关于披萨的信息，这个用户就是我们的兴趣用户。

我们可以遵守"大行为，小兴趣"的原则用 AI 去定向投放。达人可以通过"蝉妈妈"去寻找。投放时，"行为兴趣意向""抖音达人"两项需要慎选。新手可以选"更多人群"，去标签广场里的第二步筛选人群，确认自己想要的人群，把流量做精准一些。

9. 选择创意分类/创意标签

需要注意的是，选错"创意分类"，常常会给投放带来意想不到的麻烦。要选好"创意分类"，我们需要明确自己的类目，做好二三级分类，比如服装、化妆品……创意标签词要选满 20 个。至于选词，有两种做法：一种是"搜索广告—新建计划—以词推词（获取推荐关键词）"（从搜索量下载的 Excel 里做筛选），另一种是"搜索流量分析—关键词分析—找近 7 天不错的"（适合播放量想破亿和小类目名词的情况）。

比如，我们要投汉堡，就要收集所有和汉堡相关人群的一些关键词标签。输入"汉堡"，AI 会给我们推送一堆表格、工具，里面都是喜欢吃汉堡的人群相关标签。然后，我们选什么价格的，什么收入的，什么年龄的……选择创意分类或创意标签，都能够实现精准投放。

利用AI技术执行投放计划

完成投放数据的设置之后，接下来我们就要执行投放计划了。执行投放计划需要做哪些动作呢？具体来说，主要包括以下几个步骤。

1. 提升品牌认知

在投放计划里，我们该怎样提升品牌认知呢？要在社交媒体平台投放个性化广告。而AI可以帮助我们做人群定位、情感分析方面的工作，这样才能做到精准推送。在这方面，哈根达斯做得比较出色。它通过社交媒体推广活动，做到了短视频和直播的大数据精准推广，实现了线上曝光度及整个品牌认知度的提升。

2. 吸引目标消费者

要吸引目标消费者，就要做到精准投放，利用搜索引擎广告定向投放的推广方式，应用 AI 对关键词进行优化、对人群进行定位。比如，我们可以通过巨量算数找到喜欢经常研究、搜索星巴克、瑞幸咖啡的人与哪些关键词相关，然后通过 AI 了解这些关键词匹配的人群，再对他们进行精准投放。星巴克就是通过地理定位广告策略吸引潜在消费者点击广告来增加流量的，且这种做法非常成功。

3. 进行个性化推荐

通过机器学习算法，分析消费者的偏好，应用推荐系统，协同过滤，必胜客经常用这种方式把自家的一些菜单进行个性化推荐，以提升用户购买转化率，增加销售额。个性化推荐可以实现"千人千面"。瑞幸咖啡也是个性化推荐的受益者。

4. 进行智能预约

智能预约服务有效缓解了现代人讨厌花费大量时间排队的痛点。在线预订和排队等智能服务，可以有效地提升用户体验，减少用户的等待时间。法国某知名餐厅就是通过自家的智能排队预约系统来吸引消费者的。

那么，智能预约服务实现起来难度大不大呢？有 AI 进行自然语言处理和数据分析，智能预约服务就解决了核心问题。

5. 进行社交媒体营销

英国某知名餐厅特别喜欢做创意社交媒体营销，而且做得非常成功。它会利用社交媒体进行有针对性的推送，推送之后还会给用户提供一些情感化、社交网络化的内容，而且这些内容有助于增加互动（它们是企业通过 AI 对用户进行情感分析、社交网络分析之后精准投放的内容）。它们不仅仅是广告，还是会增加互动的广告；它们不像转发朋友圈那样简单，而是需要通过参与投票、上传自己的美食等方式来进行互动。这是国外一些 AI 餐厅比较好的互动做法。这样做有利于增加用户互动，提升企业的社交媒体影响力。

6. 管理在线评价

瑞幸咖啡和麦当劳都是在线评价管理做得比较成功的企业。就拿麦当劳来说，它经常用在线评价管理系统，监测和回应用户评价，并通过 AI 对用户进行文本情感分析和舆情监控，然后向用户精准推送优惠券。这样的做法有效地提升了麦当劳的口碑形象，增加了用户对品牌的信任，更提升了用户的转化率。

7. 利用数据分析决策

在这方面，达美乐是做得比较出色的。它经常利用数据分析与决策系统，去分析每一个用户的行为数据，优化经营策略。比如，用户爱吃披萨，该系统就会把用户从打开包装到铺油纸，再用消毒纸巾去擦手等每一个行为数据都收集到。有的用户喜欢吃淋了番茄酱的，有的喜欢吃原味的。他们的每一个不同行为都会被记录下来，然后通过AI对其进行数据挖掘、预测模型应用，进而为企业提供决策支持，优化投放效果和营销策略。

8. 进行实时监测

实时监测其实还是为了更好的复盘。肯德基实时监测店内人流量和客户满意度等指标，运用AI技术进行视觉识别、情感分析，提升顾客满意度，能够帮助自己及时调整运营策略，提高服务质量和利润。

以上就是有AI技术加持的投放计划执行的全流程。不过，这是一个比较理想的状态，有的企业可能在执行投放计划时很难做到这样面面俱到。这就需要企业从自身实际出发，正视自身的优势和不足，做出适合自己的执行计划。

▪ ▪ ▪ ▪ ▪ 知名企业AI+投放应用：小白鞋引爆直播间销售

这是我当初在苏宁负责直播时经手的一个成功的投放。有一年，我看到有一款小白鞋卖得特别火，就想：小白鞋竟然卖得这么好，我们是不是也能卖小白鞋，把苏宁直播间的销售额带上去？于是，我就绞尽脑汁寻找它的供应链。当时，苏宁的供应商在南昌，而且是南昌做得最大的一家MCN①机构。我用最快的速度赶到南昌，跟苏宁南昌供应商的负责人谈卖小白鞋的事。结果，两个人一拍即合，接着就一起去找小白鞋的生产厂家。

什么样的小白鞋适合苏宁直播间的投放呢？我看爆款小白鞋长得特别像Gucci（古驰）的风格，不过这很模糊，于是我们在找到对标款式和风格之后，结合市场调研情况把适合苏宁的小白鞋所有指标都分析出来了，比如排面是什么样的，码数是多少，质量怎么样，皮质如何。对指标有了具体的量化标准之后，我们终于在福建找到了可以生产小白鞋的鞋厂。

我们马上进行了样品试制，然后把小白鞋（样品）的视频拍下来，用AI生成了众多视频，并在苏宁系所有的抖音账号上线，看哪一条数据最好，挂上预售看卖得怎么样。其中，"跑"出来流量效果不错的两条视频。我们又针对这两条视频加大了投放，陆续投了大概5万元的DOU+进去。然后，这两条视频不断地爆，我们不断地收单。到最后，苏宁直播间大概卖了1万双小白鞋。

回顾整个投放，我的思路是先卖出去，工厂再生产。我通过投放，只是收单，收完单之后再去优化。这就是优化供应链的方式（小白鞋供应链见图3-1）。具体来说，就是投放前，我找到了小白鞋这个爆款，去了趟南昌。投放中，工厂答应生产了，但是还没生产。由于我们的视

---

① MCN，全称Multi-channel Network，意为多频道网络，俗称网红经济人。

频做得非常好，我们找了两条不错的视频进行投放，并在投放中不断调控。投放后工厂进行生产。我们的供应链有厂家、经销商、品牌商、产地；我们的直播间有苏宁官方平台，有主播，有MCN机构，有各种电商平台，以及我们的消费者A、B、C、D，提前预售，柔性供应链提前支付。这样的投放方式，保证了我们稳赚不亏。

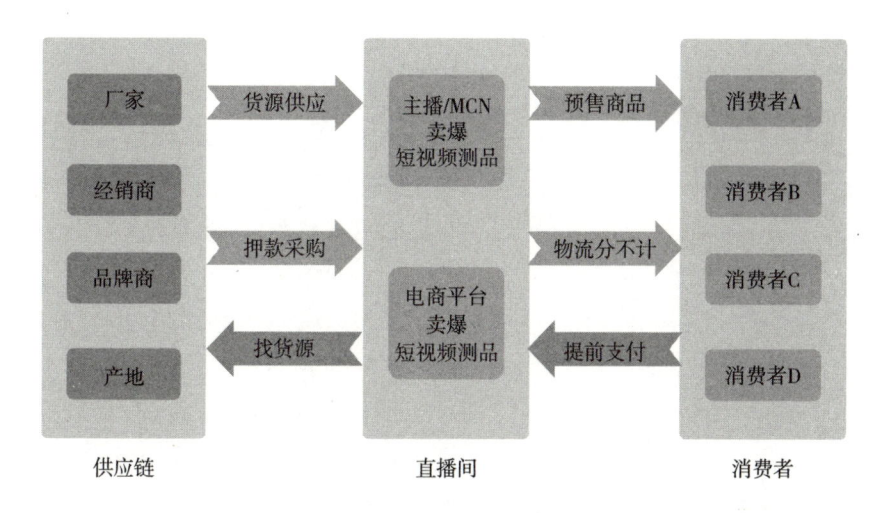

图3-1 小白鞋供应链

4

AI+直播：真人与数字人混合变现法

AI引流变现8步法

- 1. AI+文案 0成本大数据变现法
- 2. AI+短视频 线上线下快速导流变现法
- 3. AI+投放 投1元赚68元变现法
- 4. AI+直播 真人与数字人混合变现法
- 5. AI+社群 裂变私域变现法
- 6. AI+IP 11件套持久变现法
- 7. AI+短阵 三位一体持久变现法
- 8. AI+管理 三板斧持久变现法

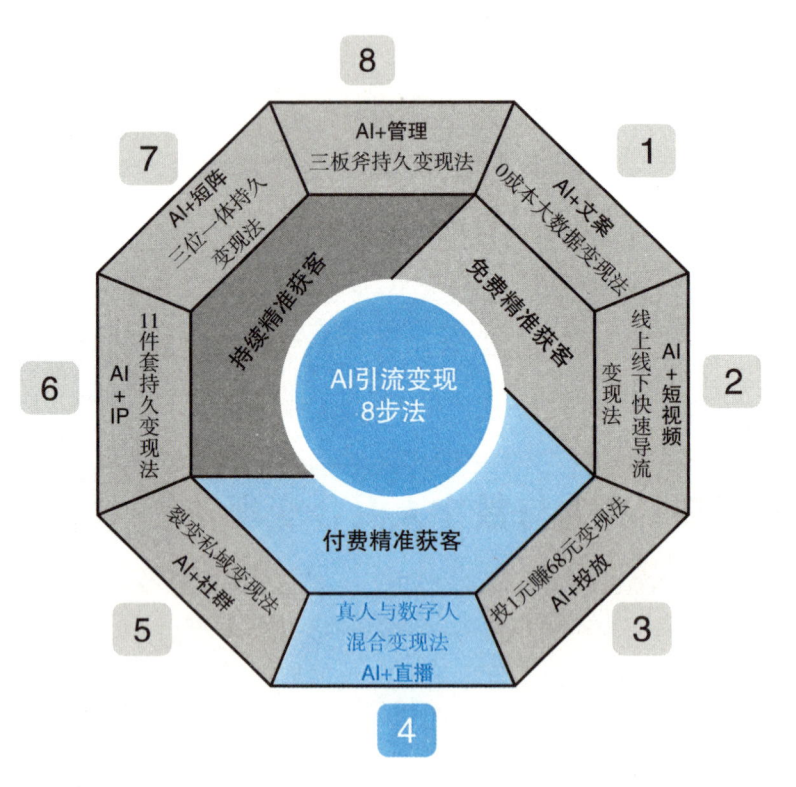

免费精准获客 / 持续精准获客 / 付费精准获客

直播在线下门店的应用

现在，刷短视频或者看直播已经成为很多人日常生活的一部分。不少线下门店为了引流获客，也纷纷加入了直播的行列。不过，它们目前都有一个共同的问题，那就是全职主播不多，很多时候都是店里员工兼职在干。

为什么线下门店很少设置全职主播呢？难道是不清楚专业的人做专业的事的重要性？当然不是。很多时候，它们是出于成本方面的考虑。线下门店与电商企业不同。后者通过做详情图，然后进行投流，以先期补贴用户的方式把销量做上去，就能获得"自然流"（被该商品销量吸引的用户）。也就是说，电商企业的成本就是投流。线下门店却不同，其成本在于获客之后，还得再接待到店用户。这样一来，不少经营线下门店的中小企业就很难有预算支撑聘用全职主播的费用了。

▪▪▪▪▪ 数字人直播特别适合线下门店

既然不少线下门店都很难支付全职主播的费用，那么它们还要不要进行直播呢？如何解决现实需要跟资金不足的矛盾呢？先来看第一个问题。现在已经进入短直时代，直播不是可选项，而是必选项。企业很难离开直播。既然如此，第二个问题该如何解决呢？答案就是让数字人直播进入线下门店。

新的问题又来了：用户（或者说顾客）真的欢迎数字人直播吗？我们不妨来思考一下：自己日常刷视频或者看直播时，会因为主播颜值高点进去吗？确实有时会，但是更多的时候我们更关注短视频或直播间售卖的商品。在不少直播间或短视频里，商品就占了整个屏幕的一大半，甚至是五分之四。在这种情况下，我们很难看清主播。如果不是真的对商品感兴趣，就很难点进来（明星、达人的直播属于特例）。

这时，我们就会明白一件事：对于直播来说，在没有其他特殊因素加持的情况下，主播的重要性要低于商品。如果把真人主播换成了数字人主播，会影响直播效果吗？我们可以分析一下。既然决定让数字人主播代替真人主播出镜，这个数字人主播形象得好吧？而且，数字人主播还属于新生事物，容易引起大家的好奇心。这么一看，数字人主播出镜的效果未必会输给真人主播。数字人主播还有一个很重要的优势，那就是可以实现24小时直播获客，而企业付出的不过是电费＋网费。既然如此，我们确实可以放下担心，让数字人主播进入线下门店。

我们团队服务的某火锅店现在就使用了真人＋数字人直播的模式。该店的主播是怎么选出来的呢？我先给他们培训，培训完之后再让他们进行比赛，最后选择优胜者做主播。我们团队还帮店里做了一些形象与真人主播近似的数字人（用了国外常用的 HeyGen 和 Midjourney 软件，且取得了真人主播的授权）。目前，店里每个真人主播每周直播的时间一般都不会超过3小时，他们的数字人则24小时不断直播，而且数字人的一场直播可以卖5万多元的消费券。这是一个非常不错的业绩。

做数字人直播，还要注意选择直播平台及直播互动[①]。选择直播平台时，可以选择抖音等，也可以选择像我们团队这种自主开发的数字人直播软件（如图4-1）。此外，在直播中，最重要的不是讲直播内容，而是直播互动。那么，数字人怎么跟用户互动呢？我们团队开发的数字人直播软件里是有互动问题库的。库里有我们团队经过调研发现用户经常会问的100个问题及答案。当用户问到相关问题，或者在评论区

[①] 数字人直播，尤其涉及数字人直播带货，要遵守《广告法》《反不正当竞争法》《消费者权益保护法实施条例》等的相关规定。真人直播也要遵守前述法律、条例的相关规定。

打出来相关问题了，数字人就可以进行回答。

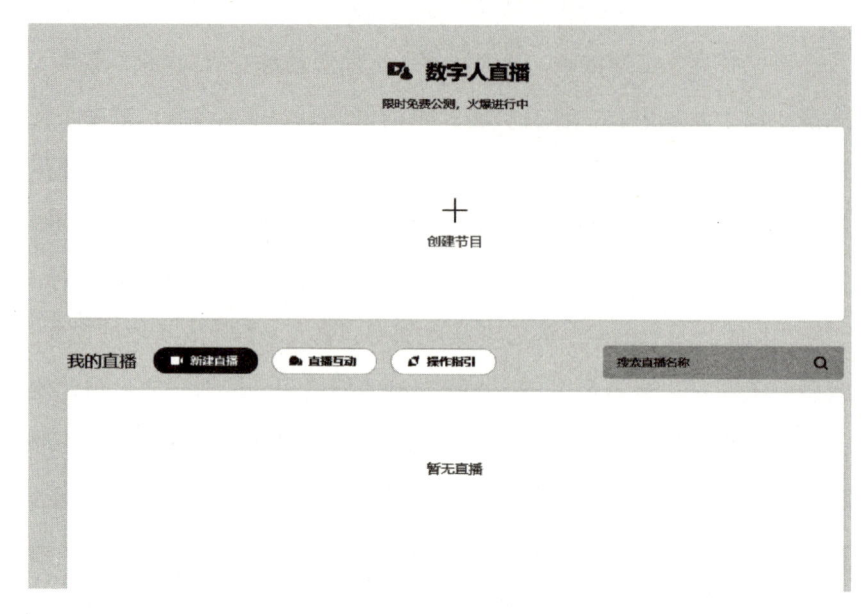

图 4-1　国内自主研发的数字人直播软件

　　国外常用的数字人，形象用的是真人，是通过 Midjourney 用 AI 绘出的 400—800 张图片组成的一个视频合成的；声音用的是国外某软件数据库里的声音；直播话术用的是 ChatGPT 生成出来的。直播时，用户每问一个问题，ChatGPT 都会给予一个回答。这是国内自主研发软件和国外已有的数字人直播软件在直播互动环节最大的不同。

知名企业利用数字人进行24小时直播获客

现在，国内外很多企业都利用数字人进行 24 小时直播获客。它们都是怎么做的呢？下面就来看一下几家知名餐饮企业的做法。

1. 数字人直播 + 推广特色菜品

麦当劳是通过 ChatGPT 去介绍它的招牌汉堡、薯条等特色菜品的。它把这些特色菜品的制作和搭配过程，做成视频或直播，再通过数字人 24 小时不间断直播并提供限时折扣的方式鼓励用户到门店品尝。

2. 数字人直播 + 举办互动游戏和抽奖

必胜客在直播中设置了 AI 互动游戏，通过数字人与用户的互动竞猜，来为用户提供赢得优惠券的机会。比如，数字人会问用户："披萨，你能吃几块？喜欢什么口味？会不会自己做？"用户只要跟数字人互动，就有机会得到必胜客的优惠券，而且用户得券的概率能达到 70% 以上。也就是说，只要用户与必胜客的数字人互动过一两次，就能拿到优惠券。另外，在直播期间，数字人还会推广新品披萨，鼓励用户到门店品尝。

3.数字人直播 + 名厨分享烹饪技巧

肯德基的数字人化身名厨,在直播中分享肯德基的独家烹饪技巧,向用户展示肯德基每一次标准化的味道到底是怎么烹饪出来的,示范怎么做正宗的炸鸡和美味的配菜。直播期间,肯德基还会提供限量卡通版的炸鸡套餐,吸引用户到店品尝。

4.数字人直播 + 快速外卖送餐服务

赛百味通过 ChatGPT 实时处理一些外卖订单,并展示准时的送餐服务。数字人还会在直播期间提供免费送餐服务,鼓励用户观看直播的同时订餐。

5.数字人直播 + 跨界合作联合推广

星巴克选择与知名餐饮品牌合作,让数字人在直播中推荐搭配咖啡的甜点或早餐,展示双方品牌的协同效应。直播期间,星巴克还会联合该餐饮品牌推出限定款咖啡与甜点组合,吸引用户到门店品尝。

6.数字人直播 + 美食文化传承

必胜客是在直播中展示自己的主题活动,并通过 ChatGPT 介绍不同国家的传统美食文化的。介绍这些知识的同时,数字人还会撕开披萨,似乎披萨的香气让他特别开心。直播期间,数字人还会免费赠送一些小包装的披萨,鼓励用户到门店去体验传统和新颖的美食文化。

7. 数字人直播 + 品牌故事与社会责任行动

麦当劳通过 ChatGPT 讲述麦当劳的品牌故事和社会责任感,介绍其在可持续发展和公益方面的努力。它还在直播过程中推广麦旋风,并承诺每售出一杯都会捐赠相应的金额给当地的慈善机构。

如何确定适合自己的直播电商策略

既然数字人可以实现 24 小时无间断直播,那么我们在选择直播电商策略的时候是不是就一定要选数字人直播呢?在回答这个问题前,我们先来看一看下面例子中数字人直播的数据及对企业销售额的影响。

第一个例子是某家餐饮企业门店数字人 24 小时直播的获客案例。该门店直播间吸引了不少吃货,他们中的大部分都是冲着直播间里的红薯粉、酸辣粉、煲汤调料来的。就拿直播间售卖的某种酸辣粉来说,其他平台卖 5.9 元,该直播间只卖 3.9 元。当然,数字人主播一直在给用户介绍商品，与用户互动。最后，这场 24 小时数字人直播结束时，该门店直播间实现了 56246 元的代金券销售。通常情况下，代金券带来的消费金额比例是 1∶10，也就是说，这场直播帮助该门店实现了大约 56 万元的销售额。而门店在直播过程中付出的主要成本就是电费和网费。

  第二个例子是我的数字人在 2023 年 5 月 28 日 20 点到 23 点 04 分在抖音做的一场直播。对于该场直播数据的分析如图 4-2。

  由图 4-2，我们可以得知，这场数字人直播共有 7792 个人来我们公司的直播间。大家可以想一想，自己经营的门店一天有没有 7000 多人到访。对于大部分中小企业来说，这个目标实现起来比较困难。做直播的好处就在这里，直播可以让更多的人看到我们。我们做直播电商的策略或做直播获客的策略，就是要根据平台给我们的那张数据分析图来决定（图 4-2 就是这类数据分析图），因为这张图里标明了平台和我们都想要达到的数据。

  接下来，我们继续分析这场数字人直播的数据。该场直播的人均观看时长是 3 分 21 秒。做过直播的人都清楚，这已经是一个很高的数据了。获客 45 人，加上私信 24 人（有些粉丝已经等不及，去后台私信我们团队了），合计是 69 人。也就是说，本场直播获客是 69 人。因为直播已经结束了，所以实时在线人数为 0，总场观是 7792，广告消耗（即广告投放）是 0。

  这场直播对于我们公司有什么贡献呢？要了解这一点，就需要依靠流量转化数据，它位于图 4-2 的左下角。我们把它单独拿出来，详见图 4-3。流量转化是最关键的，我们复盘直播的时候，除了要复盘人均观看时长、获客人数之外，更重要的是要看"四维三率"流量转化漏

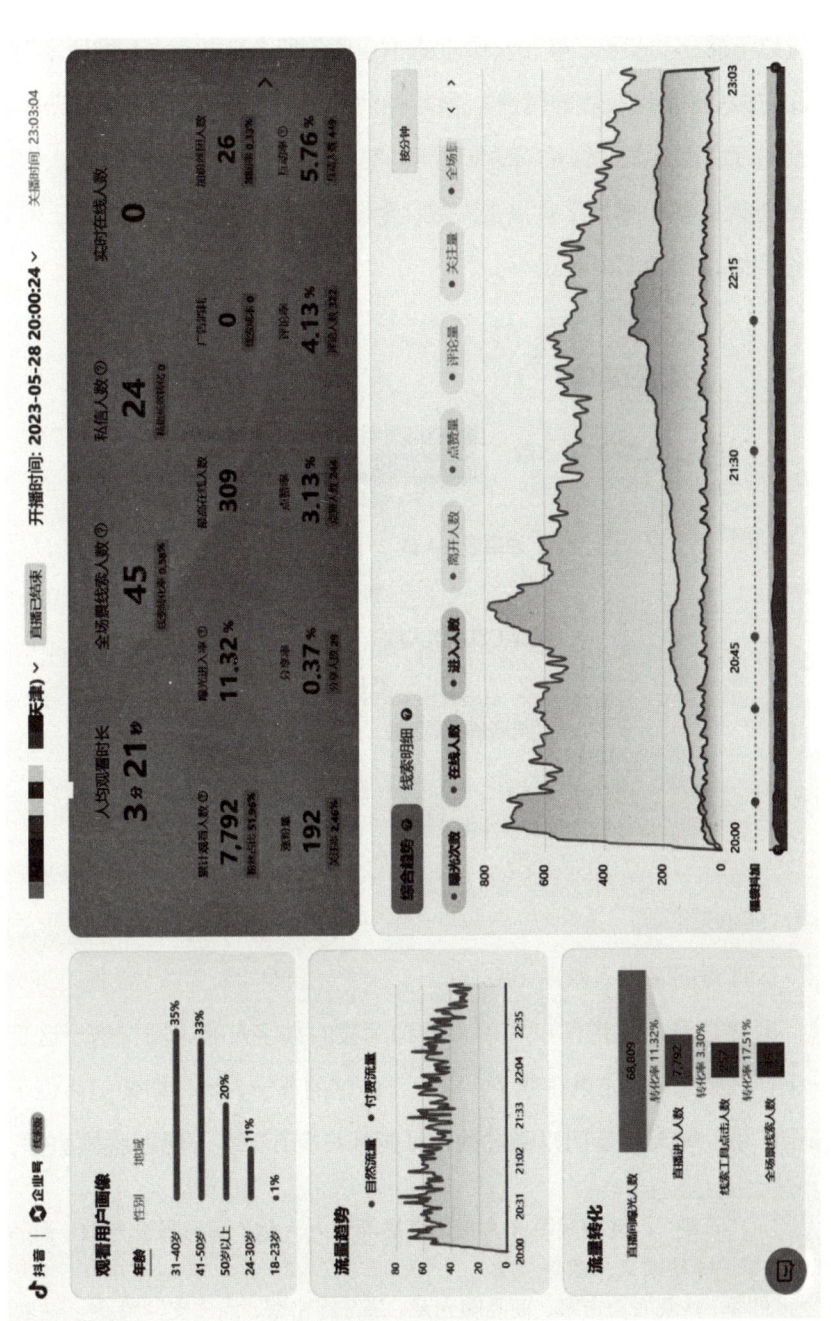

图 4-2 直播数据分析图

097

斗（以下简称"四维三率"）。做过直播电商的朋友都知道"五维四率"①（涵盖了从曝光到最后的付费）。做本地生活的朋友更多了解"四维三率"就可以了。那么，什么是"四维三率"呢？"四维"即直播间曝光人数、直播进入人数、线索工具点击人数、全场景线索人数四个维度；"三率"即这四维之间的三个转化率。

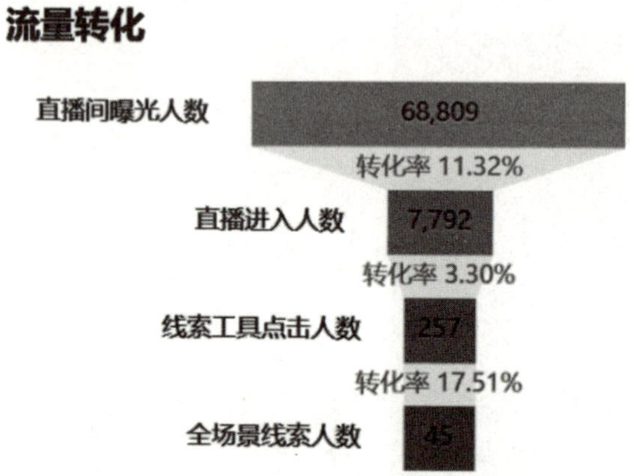

流量转化

直播间曝光人数　68,809
转化率 11.32%
直播进入人数　7,792
转化率 3.30%
线索工具点击人数　257
转化率 17.51%
全场景线索人数　45

图 4-3　流量转化"四维三率"

"四维"：

1. 直播间曝光人数是 68809。

也就是说，一共有 68809 人看到了我的数字人的这场直播。这是一个什么概念呢？如果在线下，以我工作过的苏宁为例，即使门店位于苏宁广场，每天从店门口路过的人可能都没有 6 万多。现在我做直播，

---

① "五维"：直播间曝光人数、直播进入人数、商品曝光人数、商品点击人数、商品成交人数。
"四率"：观看点击率、商品曝光率、商品点击率、点击支付率。

098

每天从直播间路过6万多人就是可以实现的。

2.直播进入人数是7792。

直播进入人数,就是场观。场观7792,对应到门店,就是有7792人进入了门店。

3.线索工具点击人数是257。

即直播进入的7792人里有257人点击了小风车。当然,小风车是属于抖音特有的工具。如果我们使用小红书或视频号直播,大家需要点击的是另外的工具。

4.全场景线索人数是45。

即最后留了联系方式的是45人。

"三率":

1.直播间进入转化率为11.32%,即直播间曝光的68809人中有7792人进入了直播间。

2.直播点击小风车的转化率为3.30%,即直播进入的7792人里有257人点击了小风车。

3.全场景线索人数转化率为17.51%,即点击小风车的257人中最终留下联系方式的是45人。

通常情况下,在抖音,从直播间曝光到进入直播间的转化率应该为20%。我的数字人这场直播转化率是11.32%。如果是我本人出镜直播,这个转化率基本上会在20%—30%。如果转化率从11.32%涨到了20%,全场景线索人数是可以翻倍的,也就是说,全场景线索人数会从45人变成90人。这是第一个转化率。

第二个转化率,是从进入直播间到点击小风车的转化率。这场直播的转化率是3.3%。这个数据就很低了。用户进入直播间后，如果发现主播是个数字人，并且直播也没什么特色，就很难发生转化，大部分人就变成了来看热闹的。通常情况下，在抖音，从进入直播间到点击小风车的转化率在60%左右。

第三个转化率，是从点击小风车到全场景线索人物的转化率。这场直播的转化率是17.51%。通常情况下，在抖音，它应该在60%左右。

一番复盘下来，我们团队发现，这场数字人直播做得有点儿失败。如果是我本人直播呢？我们团队核算了一下相关数据，得出的结论是全场景线索人数可以达到5400人左右。

两场数字人直播，一场比较成功，一场有些失败。我们到底该不该把数字人直播纳入自己的直播电商策略里呢？单纯一两场数字人直播的数据难看，并不代表数字人直播就不适合，也不意味着所有直播都要真人出镜。要确定适合自己的直播电商策略，就需要对自己的现行策略进行评估。而要做好这个评估，就要以流量转化数据为依据，衡量视听经验和引流视频的价值。

在视听经验方面，我们可以从四个方面入手。

第一，从直播间曝光到进入直播间的转化率，我们提升它的方法无外乎就是从场景上下功夫。众所周知，场景的视觉观感会影响用户的第一体验，我们需要思考一下自家直播的场景做得如何。毕竟，新、奇、特、美观的场景有助于树立良好的第一印象，吸引更多用户进入直播间。

第二，在主播/直播团队成员方面，我们需要考虑主播的个人形象、风格是否具有吸引力和亲和力，直播团队成员与主播是否能够营造出温和、亲切的氛围。

第三，在用户权益方面，我们需要思考直播间是不是有吸引人的贴片，有没有让用户产生信任度的权益贴纸。比如，七天无理由退货、运费险、抽奖、周年庆、低价购等活动，都可以作为直播活动贴片。

第四，在用户的听觉感受方面，我们需要考虑直播间的声音是否清晰，是否有适当的BGM烘托一下直播间的氛围。像我们团队在正常直播的时候都会佩戴上"小蜜蜂"，还会在"小蜜蜂"上套上棉套。这是为了防止有爆音。我们还可以选择适合主播气质的BGM，进而起到烘托气氛的作用。有了清晰的声音、良好的氛围，用户才会喜欢点进去。

除了视听体验以外，我们还需要思考直播间的引流视频是不是有信息价值。要搞清楚这个问题，我们可以从三个方面入手。

第一，我们需要确认引流视频里商品有没有得到曝光。现在至少有六七成的企业做了很多品牌宣传视频，投入不少，但收效甚微。要想知道引流视频是否有效，我们就需要确认该视频中商品的整体与细节是否展示清晰，整体视频是否能够突出商品的特点、质量与美感。

第二，我们需要确认引流视频里有没有权益曝光。大多数用户不会因为我们的品牌有多高级或者视频拍得多好看、多有魅力而进入直播间。很多时候，只有这个视频里有对他们有用的一些信息，他们才会点进直播间。因此，有明确的优惠力度（满减、优惠券、抽奖等）、用户权益（七天无理由退货、运费险等）等福利大放送的视频，才会让用户产生进入直播间的冲动，并最后进入直播间。

第三，我们需要确认引流视频有没有明星达人背书。多拍一些获客类的视频，特别是搜索类的视频，多植入巨量算数搜索的关键词，以及明星达人的背书，才会吸引更多人进入直播间。

经过对视听经验和引流视频的衡量，相信大家已经对自己现行的直播电商策略做到心中有数，确定适合自己的直播电商策略也就不是难事了。

■ ■ ■ ■ 提升CTR的新模式：手游+直播+餐饮

如何提高直播间曝光到进入直播间的转化率（即CTR）呢？现在，餐饮行业使用了一种新模式：手游 + 直播 + 餐饮。这种模式是如何发挥作用的呢？主要通过以下几种形式。

1. 手游竞赛 + 直播

美食猜猜乐在提升CTR时使用了手游竞赛 + 直播的方法。它开展了一场与餐饮相关的手游竞赛，并将赛事内容通过直播平台进行实时直播。玩家通过参与手游竞赛获得积分，并且可以用积分在餐厅兑换相应的优惠券和奖品。美食猜猜乐邀请了一些知名主播进行现场解说和互动，向观众介绍美食餐厅，并在直播中展示了 AI 点餐系统，引导观众了解该系统如何使用。

2. 线上点餐优惠 + 点餐直播

因纪录片《舌尖上的中国》走红的某餐饮企业在提升CTR时使用了线上点餐优惠+点餐直播的方法。它定期开展线上点餐优惠活动，通过直播形式吸引消费者的参与。知名主播在直播中点餐体验美食，并与观众分享美食的口味感受。观众通过在线点餐，使用AI点餐系统享受特别优惠。同时，主播还会在直播中介绍其他手游竞赛的一些活动，引导观众多维度地去参与餐厅的一些活动。

3. 线下活动见面会 + 现场点餐体验

法国某知名餐厅在提升CTR时使用了线下活动+现场点餐体验的方法。它在餐厅举办线下活动，邀请知名主播和手游比赛的冠军选手举行见面会。主播会在现场展示AI点餐系统的使用方法。参与现场点餐的消费者将获得额外的优惠和礼品。主播和选手在现场与粉丝互动，宣传餐厅手游竞赛和AI点餐系统。这种方法不仅可以提升CTR，还可以推出公司的一些智能化产品。

以上是餐饮企业为CTR提升提供的新思路。非餐饮企业也可以有所借鉴。毕竟，我们做直播的目的就是吸引粉丝，更多获客，售出更多预售产品，卖更多优惠券。这也是提升CTR的初衷。

▪▪▪▪▪ 如何提升直播精准用户的转化率

我们该如何去提升直播进入人数，到点击小风车，或点击团购工具的比例？要提升这个比例，或者说提升从直播进入人数到线索工具点击人数的转化率、精准用户的转化率，就要解决视听体验和后台操作两个方面的问题。

在视听体验方面，我们需要从直播间的话术和基础引导入手。我们要思考：主播有没有使用引导话术和奖品话术？在话术中，是否有主播引导用户点击购物车购买商品或引流？主播有没有用丰富的表情去吸引用户停留和点击小风车，或让用户点击团购工具？这些是一个直播间的基础。而直播间的基础引导，就是在评论区展现直播间的一些互动内容。我们要确认评论区展现的直播间介绍的内容，是否通过利益点、商品内容等吸引用户点击进入购物车，是否有手势、贴纸指向购物车引导用户点击。

在后台操作方面，我们需要确认在直播过程中，后台是否多频次操作"正在讲解功能"，以便充分将商品展示给用户。只有把小风车或团购页面弹出来，用户才能去点击。

只有将上述方面都做到了，转化率才能得以提升。目前，能够比较有效地提升该转化率的方法，其实是连麦。这类连麦与普通连麦略有不同，其实质是情绪价值＋连麦互动。表4-1就是这类连麦的一个直播脚本。

由表 4-1，我们可以看到，该直播脚本分为菜品介绍、厨师烹饪技巧、餐饮文化、优惠活动、口碑分享几个部分，每 15 分钟为一个节点，每个部分都涉及主播内容、运营配合内容、连麦内容和引流门店设置。

表 4-1 情绪价值 + 连麦互动的直播脚本

专业知识	时间	主播内容	运营配合内容	连麦内容	引流门店设置
菜品介绍	10:00—10:15	主播介绍今日特色菜品，包括菜品的口感、原料等，突出其独特之处	运营提供数据分析，涉及近期热销菜品和顾客口味偏好	邀请顾客连麦，分享他们对特色菜品的喜爱和体验	在直播间中设置餐厅门店的宣传海报和链接，引导顾客到店消费
厨师烹饪技巧	11:00—11:15	主播邀请厨师介绍菜品烹饪技巧，如刀工、炒菜手法等	运营提供厨师相关资料和培训视频，帮助主播了解厨师烹饪技巧	邀请观众连麦，让他们提问厨师烹饪技巧或分享自己的烹饪心得	在直播间中设置餐厅门店的位置和联系方式，方便顾客前往就餐
餐饮文化	14:00—14:15	主播讲解餐饮文化背景，如菜品起源、传统饮食文化等，增加互动性	运营提供文化知识库和故事背景，供主播参考和引用	邀请粉丝连麦，分享他们对餐饮文化的理解和相关经历	在直播间中设置餐厅门店的特色装饰和文化元素，塑造独特就餐氛围
优惠活动	17:00—17:15	主播宣传最新优惠活动，如打折、满减等，并提醒顾客活动时间和使用规则	运营提供优惠活动详情和推广素材，包括图片、文案等	邀请顾客连麦，分享他们参与优惠活动的心得和体验	在直播间中设置餐厅门店的优惠活动海报和优惠码，推动顾客参与相关活动

105

（续表）

专业知识	时间	主播内容	运营配合内容	连麦内容	引流门店设置
口碑分享	19:00—19:15	主播读取顾客口碑评价，分享顾客好评，提升顾客对品牌的信任度和购买欲望	运营提供顾客评价和口碑分享内容，协助主播选择合适的口碑信息	邀请观众连麦，让他们分享在门店的就餐体验	在直播间中设置餐厅门店的顾客评论展示，增强口碑宣传效果

这些连麦内容是大部分人喜欢互动的话题，会帮直播间把流量"炸"起来。等流量起来之后，然后再找一切可能跟商品相关的话题往线下引流。

以上是拿餐饮企业的某次直播脚本做样本，阐述情绪价值+连麦互动的直播打法。非餐饮企业也可以借鉴，只要掌握能够让互动效果非常好的互动话题，比如对科技创新、潮流趋势等的解析，对人际关系的分析等，就可以了。

这类直播打法对连麦提出了更高的要求，开始的时候，我们可能并不适应。这时，我们可以先在私域尝试连麦。连麦的私域运营流程主要分为九个步骤。

第一步，准备设备。

确认设备连接良好，测试麦克风、摄像头等硬件设备都能正常工作。

第二步，开启连麦。

主持人开启连麦的功能，待观众请求连麦之后将其添加到等待列表。

第三步，挑选合适的连麦人选。

严格筛选参与连麦的观众，选取表现最好的观众进行连麦。如果暂时没有合适的人选，可以先找团队同事进行连麦。

第四步，私聊联系。

私聊连麦人员，约定好流程、时间安排、注意事项等。

第五步，确认音视频。

测试连麦人员的音频视频是否正常，确保准备工作不出差错。如无特殊需要，尽量先不要视频连麦。

第六步，介绍连麦人。

主持人要对连麦观众进行简单的邀请和介绍。

第七步，提出问题。

主持人向连麦观众提出问题，鼓励其分享自己的观点和经验。

第八步，互动环节。

待连麦观众回答问题后，主持人可以适当加入互动环节，与其他观众互动。

第九步，结束连麦。

适时结束连麦环节，并感谢连麦观众。

经过私域运营的尝试后，我们就可以向情绪价值＋连麦互动的打法迈进了。

▪ ▪ ▪ ▪ 如何利用直播变现

直播变现实际上是线索工具点击人数向全场景线索人数转化的问题。就拿前文我的数字人做的那场直播来说，线索工具点击人数是 257，也就是说，有 257 人点击了我们公司直播间的购物车或团购；而真正留下线索的只有 45 人，可见转化率并不高。我们要想利用直播变现，就要提高该转化率。那么，我们该怎么做呢？具体说来，可以从商品属性、视听体验、后台操作、小风车信息和店铺账号等方面入手。

在商品属性方面，我们需要关注性价比和供需匹配情况。

首先，要看性价比是不是足够好。与其他商家同类商品相比，直播间售卖的商品的性价比优势主要表现在同样价格更好的质量，同等质量更低的价格。比如，我们每天可以拿出一些商品来打折。现在做得最好的餐饮门店里面有一款知名品牌水饺，原价可能 39.9 元/份，我在直播间里面可以卖到 19.9 元/份，但每天限购 5 份，欲购从速。我们靠性价比去吸引观众。

其次，要看供需是不是匹配。具体来说，就是要看直播间是否有过度宣扬低价、优惠等信息，促使观众冲动消费；在支付期间，选品是否击中目标群体的需求，是否有逻辑，经得起推敲。

在视听经验方面，我们需要关注主播的话术和运营的配合。

主播一定要有核心促单的话术，要能够快速把直播间紧张抢购的氛围（报库存、时间限制等）营造起来。促单过程中，主播声调的抑扬顿挫都非常重要。我们需要审视主播对于商品的介绍是否击中用户的痛点，是否突出商品的性价比。

直播间除了主播，还少不了运营。像餐饮行业的直播间里有"餐饮金刚"，他们通常会站在主播后面，配合主播把整个直播间的氛围烘托起来。比如，主播说："一、二、三，上链接，现在9.9元抢价值29.9元的券。"主播这个"券"字刚结束，"餐饮金刚"就要喊"券来了"，这样整个直播间的氛围就起来了。当然，营造氛围的方法除了话术之外还有很多。

在后台操作方面，我们需要关注客服水平（服务力）。

有时，直播间的运营和客服由一个人负责，他需要在直播间或评论区满足观众的需求，引导他们领取优惠券或购买代金券。有时，主播会有一些不能及时回复的信息，客服看到之后，就要点开观众的私信，帮助主播对这些提问进行解答。我们需要确认客服是否对观众的提问进行了充分解答，帮助观众应知尽知，充分了解商品。这些都跟客服水平（或者说服务力）相关。

在小风车信息（或抖音小房子[①]）方面，我们需要关注主图、标题、卖点、价格。

主图方面，我们需要确认点击小风车之后，主图是否高清，代言人展示是否到位。

标题方面，我们需要确认标题风格怎么样，标题里是否包含关键词。比如，标题的标准模式可以写成"型号+风格+使用效果+样式"。

[①] 抖音小房子主要用于挂载抖音官方的团购商品。

卖点方面，我们需要确认是否有噱头，是否设置了买一送一、主播宠粉福利、限时特价、现货秒发等优惠。

价格方面，我们需要确认商品是否存在价格优势。我们可以用限时限量秒杀区来凸显价格优势。上下品之间的价格有逻辑、有错落，更能减少用户的决策焦虑。

在店铺账号方面，我们需要关注用户信任度。

账号是否为蓝V认证账号，带货口碑分的高低及店铺的品类信息如何，直接影响了一部分消费者的最终购买信心。大家可以想一下：如果你是消费者，在抖音上看到一家店没有蓝V认证，又有不少差评，会怎么想？还愿意从这家店买东西吗？这些都是运营直播间要关注的细节。

做过短视频和直播的朋友都知道，短视频是艺术，直播是细节。只有把直播中的种种细节考虑全面，做细了，才有可能把整个直播间做起来，才有可能顺利实现直播变现。那么，直播变现有哪些方式呢？

以餐饮企业为例。餐饮企业常见的直播方式有六种，分别是直播美食推荐、直播美食制作教学、直播酒水品鉴和调酒教学、直播美食评测和挑战、直播美食文化分享，以及直播明星厨师云厨房，其变现方法如表4-2所示。

表4-2 餐饮企业直播变现方法

直播方式	变现方法
直播美食推荐	邀请美食博主或知名厨师在直播中推荐餐厅的招牌菜和特色菜，介绍其制作过程和口味特点。结合ChatGPT或数字人，设置智能互动问答环节，实时回答观众的疑问并提供个性化菜品推荐。通过直播中提供在线订餐、外卖订购和优惠券领取等链接，鼓励观众到店消费

（续表）

直播方式	变现方法
直播美食制作教学	邀请厨师、面点师或茶艺师等专业人士进行直播美食制作教学，展示传统或创意菜品的制作过程和技巧。通过 ChatGPT 或数字人，观众可以与主播进行实时互动，就食材、配料、做法及口味搭配等问题提问。在直播中宣传餐厅提供的相关菜品，引导观众到店品尝
直播酒水品鉴和调酒教学	邀请酒品专家或调酒师在直播中进行酒水品鉴和调酒教学。介绍不同类型的酒品、品牌、口感和搭配。结合 ChatGPT 或数字人，解答观众关于酒品的疑问，推荐适合个人口味的酒水。同时，在直播中宣传餐厅提供的特色酒水，吸引观众到店品尝和购买
直播美食评测和挑战	邀请美食博主、KOL 或网红在直播中对餐厅菜品进行评测和挑战。观众可以通过 ChatGPT 或数字人参与互动，提供自己的意见和建议。同时，鼓励观众亲自到店尝试、评价菜品，并上传分享自己的美食体验。在直播中宣传餐厅提供的特色菜品、优惠券等，激发观众兴趣和到店消费的欲望
直播美食文化分享	邀请美食专家或文化传播者进行直播，分享不同地区的美食文化和传统餐饮习俗。通过 ChatGPT 或数字人，观众可以与主播实时互动，就餐饮文化的问题提问，并分享自己的美食故事和经验。在直播中宣传餐厅特色菜品和与美食文化相关的活动或主题餐饮，吸引观众到店体验
直播明星厨师云厨房	邀请明星厨师通过直播分享专业厨房里的秘笈和创新菜品。通过 ChatGPT 或数字人，观众可以与明星厨师互动，在直播中提问关于烹饪技巧、食材搭配、创意菜品等问题。在直播中宣传餐厅与明星厨师合作的特色菜品、个人签名菜，激发观众到店品尝的兴趣

由表 4-2，我们不难看出，餐饮企业的直播变现方法一般分为两类：一类是直播美食推荐教学时，旁边放上优惠券，引导点击优惠券的观众到线下去消费；另一类是靠直播本身，点赞数多，直播间停留时间长，可以给企业账号带来收益。以抖音为例，点赞数多，可以获

得更多的流量推荐，还可以接入广告来增加自身收益。这两类直播变现方法，不仅仅适用于餐饮企业，也值得非餐饮企业借鉴。

注意直播变现中的一些红线

要促成直播变现，我们不仅要在商品属性、视听体验、后台操作、小风车信息和店铺账号等方面多下功夫，还要注意一些红线。顾名思义，红线就是不可逾越的界限。就直播而言，踩上红线，轻则限流、关"小黑屋"，重则封号。那么，我们应该怎样对待直播变现中的这些红线呢？

权威研究显示，经营得好、变现顺利的直播间都有一个共同点，那就是主播为观众提供了情绪价值。我们针对直播变现的红线需要做好以下三个方面的工作。

1. 为观众提供恰当的情绪价值

在直播中，我们怎么做才是为观众提供恰当的情绪价值呢？一个有效的做法是"开场10连炸"+一套欢迎话术+商品价值塑造。

熟悉直播的朋友都清楚，直播里有很多红包、福袋、优惠券，这三者号称"直播3件套"。比如，大家进入直播间，直播间可能会显示5分钟之后领抖币，5分钟之后领一个优惠券，或5分钟之后领一双鞋等。抖音账号级别不同，能做的虚拟福袋也不同。我们就拿最低级的虚拟福袋来进行"开场10连炸"，即一开场先"炸"出10个福袋。我们如果每3分钟发一个，就能保证这场直播前面半小时一直会有人进入直播间，且想在直播间停留。

这时，可能有朋友会有疑问："这些粉丝有什么用？""开场10连炸"可以增加直播间的人气，很多观众在"10连炸"结束前会一直在直播间停留。遗憾的是，他们中的相当一部分只对福袋感兴趣，不会买代金券，也对线下门店消费没兴趣，属于名副其实的"福袋粉"。"福袋粉"确实存在，不过我们还可以通过努力变"福袋粉"为"精准粉"。

接下来，我们看这段欢迎话术。

"欢迎×老师！"一进直播间，就受到了欢迎，×老师肯定会感觉自己被别人重视了。观众也觉得直播间尊重×老师，进而会产生一定的好感。

紧接着，"小助理，给×老师备注好，安排一套车里除甲醛的。"为×老师提供贴心的礼物，这让人更加愉悦了。

下面一句，"天气太热了，一不小心容易出问题。"很多人都有这个常识：天气一热，车里的甲醛就会挥发，坐在车里的人就会感觉很不舒服。这时，大家的心情会有个起伏：为什么要说这句话，让人感觉怪别扭的！

这时，主播又表示："给大家安排跟给×老师一样的。"×老师是账号所属品牌的老板或者重磅嘉宾。给观众安排跟×老师同款的除甲醛套装，说明该直播间非常尊重观众。这时，大家心情会就转好。

紧接着，主播又表示："我就一枚新人，交个朋友，点个关注，别走散了。"这就是标准的示弱。

我们可以想一下，如果自己作为观众，听到这段话术后，会有怎样的反应。一般人的反应是，"这是骗我吗？要送我东西，真的假的？我真想划走。"确实会有一些人真的划走，不过划走的人是少数，大多数人还想他要是真送东西怎么办。即便是划走的人里，也有一些会重新回来，就为了看一看直播间是不是真的送除甲醛的赠品。

当观众停留在直播间的时候，直播显示的是停留时长。观众一直在直播间停留着，那直播的停留时长就会增加。直播的停留时长增加，平台就会给直播间更多流量。一旦有新人进来，主播就重复前面的欢迎话术："欢迎，×老师，小助理给×老师备注好车里除甲醛的一套。天气太热了，一不小心容易出问题。……"这样，这个直播间既可以通过"开场10连炸"吸引一波"福袋粉"，"福袋粉"本身的停留就会促进平台给直播间新的流量，又能通过主播对新人的欢迎话术把流量给"憋"在直播间。通常情况下，直播间能够实现200—300人同时在线，就是成功的。

有了流量，我们下一步要进行商品价值塑造。该如何进行商品价值塑造呢？比如，我在我的直播间卖课的时候，就会使用以下的话术模型。

为什么买：AI时代，新的赛道新机会，获得流量红利。

为什么买你家的：实战经验总结＋自研软件包落地＋学成后包交付

结果。

能再让我无风险点不：不满意随时退款，200+家企业出彩率95%，1800名学员5分好评率100%。

为什么马上买：不满意包退，永远有效，终身答疑，限时优惠，持续更新。

为什么买？为什么买你家的？能再让我无风险点不？为什么马上买？解决了这几个问题，商品就好卖了。这就是商品价值塑造。

通过"开场10连炸"+一套欢迎话术，把流量留在直播间，此时再进行商品价值塑造，会有两个结果：一是商品卖不出去。不过，只要有观众停留时长，直播间就会持续有流量进来。总有需要我们商品的人来买东西，早晚会卖出去。二是直播间既得到了观众停留时长，还带来了消费跟引流。这些因素相互促进，直播变现就会变得很顺利。

2. 用AI监控直播间，改掉违规话术

在直播中，我们除了要给观众提供恰当的情绪价值，还要注意不要讲杜绝出现的话术。直播间常见的违规话术主要涉及以下方面。

第一，违规买赠。典型的表达如"直播间的家人们只要拍下，今天主播就免费送××/随便送，免费送，随便用/0元购/1分钱都不要这样的福利，拍一发二/发三"等。

第二，诱骗秒杀。诱骗秒杀，又名诱导秒杀，即告诉粉丝什么时候商品会做秒杀，但是没有说具体准确的上架时间。这也是平台所不允许的。

第三，诱导互动。典型的表达如"直播间新品1分钟后开，大家扣个小1走起来，拍到的大哥扣个已拍"等。

第四，不规范秒杀。所谓不规范秒杀，一般是指直播间秒杀不清晰，没有在秒杀前提醒观众。一般来说，我们做什么优惠活动，都要在开始前清晰明确地讲出来。只有这样，才能吸引观众进入直播间，为我们的直播间增加人气。

第五，返现诱导好评。典型的表述如"家人们收到货给好评，我们这边会给你返现3—5元"。一旦直播间出现这样的话术，系统就会直接弹窗警告。

第六，低价引流。低价SKU[①]引流、跨品类、价格低、货不对板，这些都容易造成违规。

第七，材质虚假。材质一定要真实，不能虚假谎报，和商品详情图、吊牌上的信息都要相对应。

第八，虚假原价。比如，以前标价999元，现在标价99元，如果我们没有原价999元的销售数据，直播间就会被审核、被扣分。

第九，擦边商品。我们在直播间不要和专柜、大品牌等这些商品去进行对比。比如，我们不要说"专柜××元，今天在我的直播间只要××元""这个汉堡就跟肯德基的一模一样"等。我们这样一说，直播间就被限流了。

第十，送7天无理由退货的运费险。比如，我们不能说"拍下送运费险/粉丝团送运费险"等。拍下才送，相当于以因果为导向引导观众去消费。

---

① SKU，全称Stock Keeping Unit，意为最小存货单位。

第十一，优先加急发货。有时，商家会在直播间承诺"拍下扣1/拍下扣加急/扣已拍加急给你们发货"。这样是不是可以呢？如果商家可以证明自己确实有加急发货的安排，这样说就是可以的；如果商家不能证明，这样做就容易被观众认定为欺诈。

第十二，高返违规。我们不能以好评为理由返现给买家。像"今天是新号开播，1号拍下收到货后，找客服退"就是典型的高返违规。

第十三，背景违规。直播间的背景上不能出现"0元送""0元抢购""请客试用"等字样。目前，各大平台都靠 AI 监控直播间。AI 监控直播间的方法主要有两个：一是直播话术，二是画面（可以精确到每帧）。如果我们的直播间在背景上出现了"0元送""0元抢购"等就会被判定为违规。

第十四，互动违规。直播有赠品时，不能要求用户做什么才能有什么。比如，要求观众点我们关注才送什么，不点关注就没有，就是典型的互动违规。

以上就是一些常见的直播间违规话术。我们可以用 AI 监控自己的直播间，及时发现直播中的违规话术，并在复盘时改掉。

3. 杜绝可能导致封号的做法

现在，不少人把直播带货都做错了，做成了直播零售，一单一单地卖。这样的话，还不如直接做线下销售。也有人选择了能够实现批量导流、批量成交的互动封单[①]。所谓互动封单，是指在一定时间内，我们通过互动把在线人数翻 3 倍左右。不管半小时也好，10 分钟也好，最好在 15 分钟之内。如果 15 分钟之内能通过互动把在线的人数翻 3—5 倍，那接下来的 5 分钟，我们什么都不用干，直接做封单。

那么，我们该如何做封单呢？要在以下五个方面下功夫。另外，需要注意的是，这些做法要慎用，因为做错了容易导致封号。

（1）产品使用

我们要在直播间介绍产品使用方面直击用户的四大需求场景，分别是：

时间：适合什么时候用；

地点：在 ×× 地方的朋友必须入手……

人物：跟 ×× 在一起的时候……

事件：一起看电影、吃晚餐、出游……

（2）加分

使用 App 或其他新奇特的方法是可以给直播加分的，但要注意品牌形象。千万别在直播间里搞低俗行为，会引发封号。

---

① 封单，是抢购模式直播带货的一个专业词汇。抢购模式的带货，一般由主播先拉人气，当直播间的人气提升到一定数量后，再进行放单，也就是上库存，让用户下单。

(3) 塑品

我们需要在上"车"①之前完成塑品（即塑造商品价值）。直播间与其他商家的商品做对比，不要拉踩别人，但要学会田忌赛马，以自家优势 PK 对方劣势。比如，我们可以在价格、品牌、质量、售后等方面做到"他好，我们可以更好"。

(4) 报价技巧

在报价方面，我们要分清钩子品②和主推品。很多时候，商家直播不赚钱，甚至引流到线下也不赚钱，主要就是因为很多人把钩子品当成主推品在卖。他们从本质上混淆了钩子品和主推品的功能。钩子品的作用就是为了引流。

除了分清钩子品和主推品，我们还需要避免以下容易导致封号的行为。

9 块 9 我"炸"给你，但不着急上"车"。

具体表现是，主播在直播间说 10 个汉堡卖 9.9 元，号召观众来领优惠券，但就是不上架，还一直表示马上就上链接或者上优惠券了。就算商家使用了"开场 10 连炸"，顶多半个小时后就要上链接或者优惠券。一直声称要上架，但实际上一直拖延着不上架，直播间的人数一个劲儿飙升，这就是很严重的欺骗行为了。

同时转款到正价，一样优惠爱着你。

---

① 直播间的"车"本质上是指购物车，不同平台对购物车有不同的叫法。

② 钩子品，指价格很低、性价比很高的商品，主要用于吸引用户关注停留、提升直播间或电商平台的流量和数据。

比如，直播间的运营说："主播，你不要再加9.9元买10个汉堡了，用户都不喜欢。老王说他想要99元的套餐，你给他讲讲这个。"这时，直播间的桌子上可能就放着价值99元的套餐商品，这样一下子就转款了，而且99元是该套餐的正价。如果这件商品原价499元，我们做一个链接标记原价499元，现在价格"打"到99元，肯定算优惠了，但这触及了平台封号的规则。

库存营销用得好，没人能查体谅你。

比如，主播说"一、二、三，上链接"了之后，一共99个库存，但是只要上了链接，运营第一时间就把库存调到98个，甚至调到1个库存或0个库存。这是很严重的欺骗行为。

…………

（5）福利饥饿

福利饥饿有几种常见话术：

砸，即用红包福袋优惠券将吊牌价、电商价、直播价"打"下来；

失误，即老板、高管等失误带来的AB链接福利；

怕失去，即只放在线人数的1/10的数量；

…………

以上就是直播变现时需要注意的一些红线。我们要想在直播中成功引流、顺利变现，就要为观众提供恰当的情绪价值，同时用好正规话术，改掉违规话术，杜绝可能导致封号的做法。

如何鉴别直播电商的真假

众所周知，现在已经进入"直播红利"时代。直播带给企业和个人的，有流量，有一定甚至不菲的收益，也有一些假冒直播电商的乱象。那么，如何鉴别直播电商的真假呢？我们可以从以下几个方面入手。

第一，看有无官方认证标识。

真实的直播电商会获得一些平台官方的认证和标识，如 V 标、粉丝认证或实名认证。这确保了直播主①的身份和信誉的真实性。

第二，看其对直播平台的选择。

真实的直播电商通常会选择热门、知名的平台去进行直播，如淘宝直播、京东直播、抖音直播等。这些平台有较高的审核标准，减少了假冒直播电商的可能性。它们虽然也接受数字人直播，但是要求商家在直播前要进行报备，并在直播时提醒观众这是数字人在直播。

第三，观察产品评价和评论。

我们可以通过查看直播电商的产品评价和评论，特别是真实用户的反馈，来判断直播电商的真实性。假冒的直播电商可能存在虚假评论，而真实的直播电商通常会有更多真实多样化的反馈。

第四，观察客服的沟通和服务质量。

与直播电商的客服进行沟通时，我们需要观察其解决问题的专业

---

① 直播主是直播岗位的核心角色，他们通过直播平台向观众展示自己的才艺或经验，并与观众进行互动交流。

程度和服务态度。真实的直播电商通常会为用户提供及时、满意的服务，并提供专业的产品咨询和技术支持。

有了对上述四个方面的判断，我们基本上就可以判定出直播电商的真假了。

此外，还有一个情况不容忽视，那就是很多真实的直播电商都采用了真人和数字人混合直播的形式。这就带来了一个新的问题：我们如何避免被用户误认为假冒的直播电商呢？除了上播前报备、上播时标记，我们还要注意调教好自己的数字人。比如，我们公司就要求真人主播除了直播给观众看，还要给自己的数字人看。

调教好的数字人能带给观众更多的惊喜，提升观众的直播视听体验。具体来说，这种惊喜主要可以通过以下三个方面体现出来。

第一，数字人可以与观众进行自然流畅的对话，回答观众提出的问题（当然，这些问题仅限于一些常问的基本问题），几乎没有延迟或错误。

第二，数字人在各个领域的知识储备上表现出色，能够回答各种类型的问题，不仅仅限于商品相关的信息。这使得使用数字人的直播电商能够提供更广泛、更深入的产品知识。

第三，数字人能够根据观众的个人喜好和需求，提供定制化的产品推荐和服务。

有了这样出色的数字人加盟，我们的直播电商发展会更上一层楼。

线下门店如何建立直播电商发展模式

线下门店如何建立自己的直播电商发展模式呢？就拿餐饮行业来说，我认为可以从以下三个方面入手。

第一，直播美食文化分享。

我们可以邀请美食专家或文化传播者通过直播分享不同地区的美食文化和传统餐饮习俗。观众可以与分享者实时互动，就餐饮文化进行提问，并分享自己的美食故事和经验。在直播过程中，我们可以利用 ChatGPT 和数字人为观众答疑解惑，并与观众进行个性化互动；通过介绍餐厅特色菜品和与美食文化相关的活动，吸引观众到门店体验；通过 ChatGPT 对美食专家进行数字人形象的打磨，然后让数字人在直播间里不断地进行美食的讲解及优惠券的发放。我们经常可以在饿了么看到这样的直播。

第二，直播明星厨师云厨房。

我们可以邀请知名明星厨师通过直播分享专业厨房里的秘笈和创新菜品。通过 ChatGPT 和数字人，观众可以与明星厨师进行互动，询问烹饪技巧、食材搭配等知识。直播过程中，主播可以宣传与明星厨师合作的特色菜品和个人签名菜，吸引观众到门店品尝。我们也可以邀请一些虚拟人物在直播间介绍自己喜欢的厨房菜品。目前，呷哺呷哺采用的就是这种方式。

第三，直播限时特惠抢购。

我们可以在限定时间内进行特价抢购活动，并通过直播进行宣传。通过 ChatGPT 和数字人，我们向观众介绍抢购商品的特点、口味等信息，并回答观众的疑问。观众可以在直播中下单，享受折扣优惠，并到门店取货或享受门店的配送。这种直播形式可以吸引消费者主动参与，并增加门店的销售额。这同样可以通过数字人 24 小时直播实现。

工欲善其事，必先利其器。我们在建立企业直播电商发展模式时，也不要忘记调教数字人，以便使数字人直播尽可能地接近真人直播。而要调教好数字人，就需要让其向优秀主播学习。下面我就以某知名主播的直播为例分析优秀主播的直播话术。

该知名主播的直播话术包括五个步骤。

第一步，找到痛点，利用痛点去刺激用户，提高用户的注意力。

第二步，放大痛点，让用户更痛。

比如，一款 130 毫升的瓶装化妆品，天猫店铺卖 280 元，××直播间 226 元买 1 瓶送 1 瓶，再送 1 个面霜。

第三步，引出产品，解决痛点。

比如，欧莱雅奶盖水上市了，给大家推荐。

第四步，提升高度，给商品赋予更多的价值。

比如，这是一款由欧莱雅研发中心精心研制的化妆水。

第五步，降低门槛，然后把货卖出去，或引流到线下。

比如，利用无风险承诺、折扣力度，让用户马上行动。

这五步做得好，能带来两方面的帮助：一方面，可以直接将良好的品牌认知带给观众，方便商家引流；另一方面，方便商家把数字人放在旁边，不断地教数字人如何进行直播。

我就曾帮助老百姓大药房规划了直播发展模式。因为直播本身确实是一件很耗费精力的事情，他们门店的员工日常工作本就忙碌，再加上要直播，确实有一定的困难。经过友好的协商，双方一起确定的直播规划是：参与直播的同事每周直播1次，每次2小时（按照我们团队给出的脚本播，且要拿出个人最好状态）。直播时，旁边放着主播的数字人。真人主播和数字人主播合作的模式，可以让真人主播在服务用户的同时也不耽误数字人主播学习和直播，进而帮助企业实现业绩倍增。

对于企业来说，不管你是谁，也不管你卖什么，要想把直播做好，建立起自己的直播电商发展模式，最简单的办法就是监控别人的直播间，先看看卖得好的直播间到底做了什么。

监控涉及时间、观看人数、行为、音频、话术等诸多方面。比如，我们可以以每5分钟为一个节点，来看这个直播间有多少人进入，产生了多少销售额，观众平均停留时长是多少，主播有什么行为、用了什么话术，话术里有多少关键词。他卖汉堡，你也卖汉堡；他卖咖啡，你也卖咖啡，为什么别人的直播间出现了峰值之后，5分钟就产生了20万元的销售额？他们做了什么？这些是值得我们学习的。

5

AI+社群：裂变私域变现法

AI引流变现8步法

- 1. AI+文案 0成本大数据变现法
- 2. AI+短视频 线上线下快速导流变现法
- 3. AI+投放 投1元赚68元变现法
- 4. AI+直播 真人与数字人混合变现法
- 5. AI+社群 裂变私域变现法
- 6. AI+IP 11件套持久变现法
- 7. AI+短阵 三位一体持久变现法
- 8. AI+管理 三板斧持久变现法

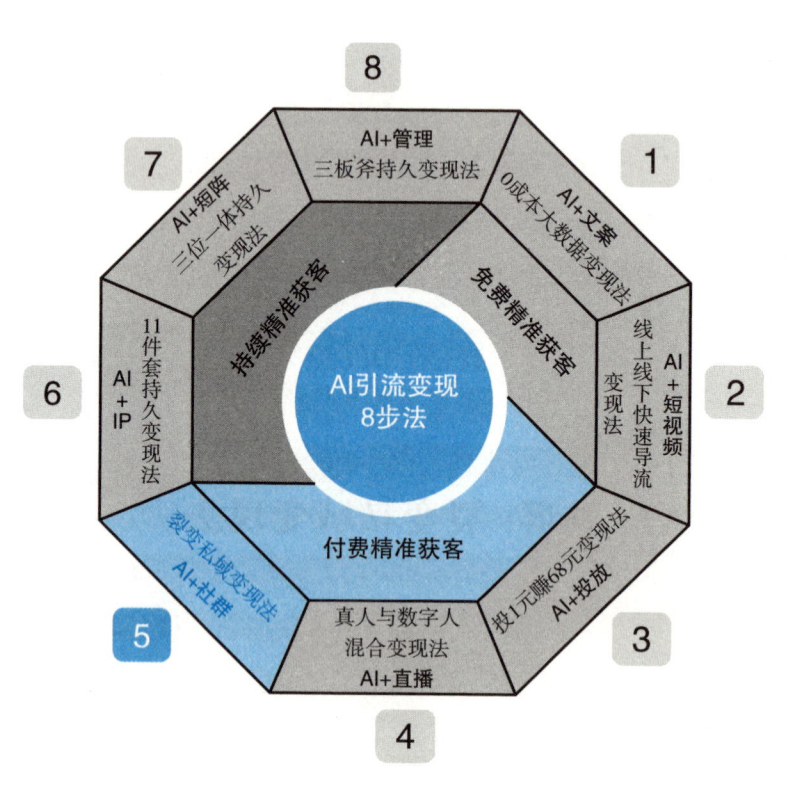

免费精准获客 / 付费精准获客 / 持续精准获客

▪ ▪ ▪ ▪ AI+社群：企业数字化运营的新动向

众所周知，现在很多拥有线下门店的连锁企业都在做数字化，遗憾的是，大部分都没有做成，只空留了一个框架或者一个没有实际意义的小程序。同样拥有众多线下门店的瑞幸咖啡却在数字化的道路上成功了。它成功的秘诀是什么呢？其实，真正数字化做成功的企业都明白：要想做好数字化运营，至少需要1000个程序员。有了他们，才能像瑞幸咖啡一样去打造属于自己的智能社群系统（如图5-1）。

瑞幸咖啡的智能社群系统中，门店、公众号、社交裂变、电梯楼宇广告，以及其他营销活动，都会将自己的企业微信二维码放在显著位置，供大家扫码。人们一旦扫码添加企业微信后，就进入了门店的社群。门店社群主理人会不定时地在群里发优惠券，且券的种类并不

基于企业微信开放能力打造的"智能社群系统"

以企业微信为核心打通公众号+社群+SCRM+BI构建自动营销工具

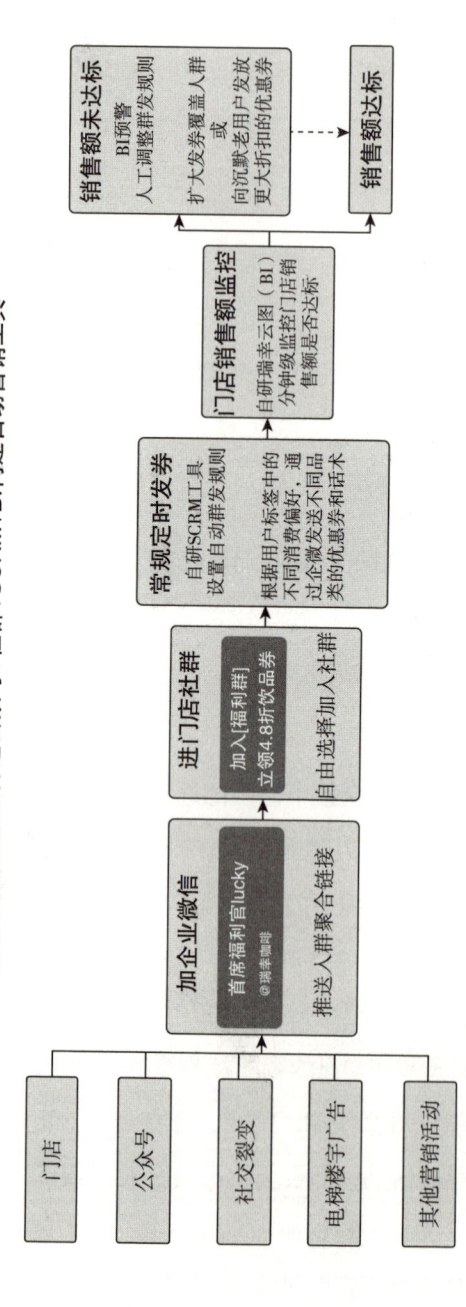

图 5-1 基于企业微信开放能力打造的"智能社群系统"

注：SCRM，全称 Social Customer Relationship Management，意为社会化客户关系管理。SCRM工具是一种基于社交媒体平台的客户关系管理工具。它不仅能帮助企业更好地了解客户需求，偏好和行为，从而更好地满足客户需求，提升客户满意度；还能让企业更好地管理客户信息和销售线索，提高销售效率和客户转化率。

单一，是千人千面的。

想必不少喝过瑞幸咖啡的朋友都有这样的经历：一旦我们点开它的 App 或小程序，系统就会自动弹出优惠券。点击优惠券后，一个企业微信的二维码就出现了。我们添加企业微信后，系统又会弹出优惠券。假如我们要喝的咖啡售价是 26 元，一扫二维码，系统弹出来一个 9.5 折的优惠券；我们划过去不买，系统马上弹出来一个 9.3 折的优惠券；我们再划过去，系统又会弹出一个 9.1 折的优惠券……直到出现 8.8 折的优惠券。下回我们再点开瑞幸咖啡的小程序，它还会根据我们之前的选择弹出符合我们兴趣和之前选择的优惠券。这就是利用千人千面推送优惠券。

瑞幸咖啡是怎么做到千人千面的呢？依靠 SCRM 工具。只要用户添加了企业微信，系统就会将他的行为轨迹、爱好甚至星座、收入、性格、消费习惯吃透，并生成一套针对性的营销解决方案，然后商家再根据这些具体数据向用户推送不同的优惠券。

有了这项技术，瑞幸咖啡就可以对每家门店的销售额进行监控。当销售额不达标的时候，整个运营方案就会出现预警，整个看板就会亮红字，显示出流量差多少，转化率差多少，销售额差多少，应该补多少券。

那么，一般商家能不能像瑞幸咖啡一样做到千人千面呢？如果没有 1000 个程序员做技术支持，是很难的。就靠普通的 CRM 软件[①]去

[①] CRM，全称 Customer Relationship Management，意为客户关系管理。CRM 软件是一种商业策略，它按照客户的分类情况有效地组织企业资源，培养以客户为中心的经营行为及实施以客户为中心的核心理念，并以此为手段来提高企业盈利能力、利润及顾客满意度。

实时监控，连给不同的人推送适合他们的优惠券都做不到。既然如此，那普通企业还有机会吗？之前也许确实如此，现在有了ChatGPT，有了数字人，就为普通企业建设数字化提供了新思路。因为它们就能帮助我们写代码。

我曾经在某权威机构举办的活动中阐述过一个观点，主题是"人只是人工智能里的神经元，而互联网是链接神经元的网络"。以前需要1000个程序员才能实现的事情，现在有了AI的介入，难度就降低了很多。毕竟，程序员要做的事情，就是把企业的数字化搭建起来。

▪▪▪▪▪ 如何在社交圈中获得高质量客户

瑞幸咖啡2023年财报显示，瑞幸咖啡2023年全年营业收入249.03亿元，同比增长87.3%；2023年营业利润30.26亿元（美国会计准则），同比增长161.7%。截至2023年底，瑞幸咖啡门店总数达16248家，净增8034家；瑞幸咖啡全年月均交易客户4837万，同比增长124.1%。

瑞幸咖啡能拿出如此出色的成绩单，跟其单客获取成本有直接关系。表 5-1 即为瑞幸咖啡 2019—2023 年营销及销售费用和获客成本的变化。

表 5-1　瑞幸咖啡 2019—2023 年营销及销售费用和获客成本的变化

时间	营业收入（亿元）	累计交易用户（万）	营销及销售费用（亿元）	单客获取成本（元）
2023 年	249.03	23000	12.87	13.55
2022 年	132.93	13500	5.70	13.26
2021 年	79.65	9200	3.37	12.44
2020 年	40.33	6490	8.77	36.11
2019 年	30.25	4061	12.5	44.61

注：单客获取成本 = 营销及销售费用 / 新增用户。

由表 5-1，我们可以得知：2019 年，瑞幸咖啡获得一个客户的成本需要 44.61 元。从 2021 年开始，这个数字就在 13 元左右徘徊。

除了获客成本大幅降低，支撑瑞幸咖啡出色业绩的，还有层出不穷的爆款。从 2019 年的陨石拿铁、2020 年的厚乳拿铁、2021 年的生椰拿铁、2022 年的椰云拿铁，到 2023 年的酱香拿铁，这些不同类型的咖啡都在单周内实现了几百万杯，甚至上千万杯的销量。出色的销量也为瑞幸咖啡带来了大量的引流和复购。到目前为止，瑞幸咖啡已经抢占了 10—25 元这个区间咖啡销量的前排位置。

这只是数字化建设团队厉害吗？该团队的支撑不容置疑，但在本质上，是因为瑞幸咖啡在进行数字化运营时摸准了"破坏性创新"的原则。

什么是破坏性创新呢？举个例子。云南保山是瑞幸咖啡和星巴克两家使用的咖啡豆的主产地之一。同样的咖啡豆，同样的品质，同样的服务，瑞幸咖啡的价格竟然比星巴克便宜一半，这就是"破坏性创新"。具体来说，破坏性创新就是"同样的品质，我价格最低；同样的价格，我品质更高"。因为它做对了事，真正满足了用户的多样化需求，所以用户就会支持它。那么，瑞幸咖啡是怎么抓住用户的核心需求，进而获得众多用户支持的呢？这与瑞幸咖啡的产品研发流程密切相关（该流程详见图5-2）。

瑞幸咖啡的产品研发流程分为市场和消费者驱动、创意和原材料驱动两大部分。

在市场和消费者驱动方面，瑞幸咖啡主要做了两方面的工作：一是公开数据爬取，二是对品牌自有App和外卖平台数据进行分析、归纳。它在进行公开数据爬取时，会重点关注美团等常用平台上自家和竞品数据，以及品牌自有App的数据，看谁的销量好、评价好，根据这些反馈、分析去规划自家的菜单，进而提出研发方向。这部分研发属于常规研发，大概占到全部研发的70%—80%。剩下的20%—30%还要靠创意和原材料来驱动。

说到创意和原材料驱动，主要包括研发人员的个人创意、老板的一些个人建议，以及供应商的原材料更新等。比如，有了咖啡豆，我们就可以开发更好的产品了。创意占20%—30%。解决了驱动问题之后，瑞幸咖啡就可以开启赛马研发了。比如，有10种咖啡研发方向，我们用2—3个研发组去进行赛马，然后决定新咖啡的品质优劣。

接下来，就是内部员工测评环节了。在这个环节，每周会有50—60名员工来体验咖啡的口味和口感，更多的时候会有近200名员工参

5 AI+社群：裂变私域变现法

图 5-2 瑞幸咖啡产品研发流程

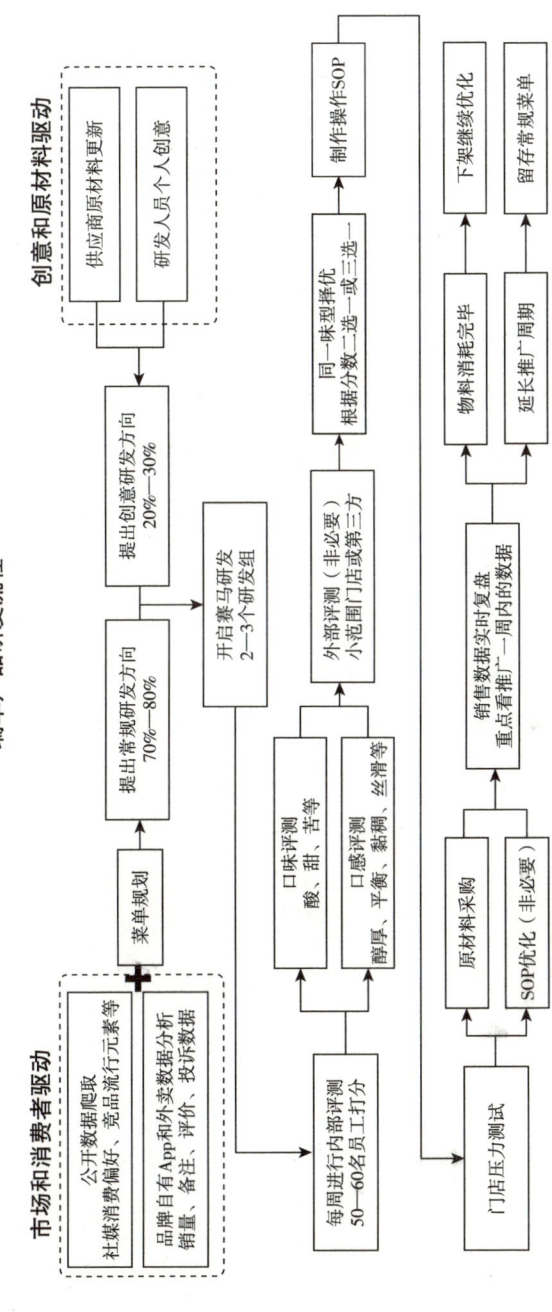

注：SOP，全称 Standard Operating Procedure，指标准操作流程。

与。瑞幸咖啡还会邀请社群成员进行外部测评。参与外部测评又愿意发朋友圈分享体验的用户本身就是咖啡爱好者或者瑞幸咖啡的粉丝。他们如果是某个社群的KOL，就会为瑞幸咖啡带来一批高质量客户。当然，要获得高质量客户，最终还是要靠产品。

紧接着，根据测评结果对同一类型的几种咖啡进行打分，选择得分最高的一种，制作它的SOP。做完SOP之后，下一个环节是进行门店压力测试。具体来说，就是让门店开始预售，看能不能卖得动。卖得动，就开始生产；卖不动，就继续进行SOP优化。

然后，再用千人千面技术，进行数据化的实时复盘，看看GMV怎么样，流量怎么样，转化率怎么样，流量数据怎么样，进店转化率怎么样……将上述数据展示在看板上。随后，再看哪些品类在物料消耗完毕后就下架，继续进行优化；哪些品类可以延长推广周期，成为常规菜单的一员。这样一套流程走下来，瑞幸咖啡才能保证自己每次做出来的产品都是爆款。只有爆款，才能吸引更多客户，才能帮助瑞幸咖啡获得高质量客户。

如何充分利用私域流量

私域流量的出现为企业打造可持续发展的数字化营销体系提供了新的发展契机。那么，我们该如何利用私域流量提升企业盈利呢？

众所周知，盈利＝营业收入－成本。要提升盈利，主要有三种方法：一是在成本不变的情况下，提升营业收入；二是在营业收入不变的情况下，降低成本；三是在提升营业收入的同时，降低成本。事实上，无论是成本，还是营业收入，都很难一成不变。所以，第三种方法才是我们努力的方向。如何做才能实现尽可能地在提升营业收入的同时降低成本呢？需要从影响它们的因素入手。

先来看营业收入。因为营业收入＝销量×客单价，所以要提升营业收入，就要从销量和客单价下功夫。如何提升销量呢？一般的做法是开更多的门店，并且保证单店销量更稳定。如何提升客单价呢？一般的做法是上更贵的新品，降低优惠力度。要是销量和客单价双双提升，营业收入提升得就更多了。遗憾的是，很多时候，销量、客单价的提升并不同步，甚至一个提升反而会导致另一个出现下降的情况。如何才能在降低优惠力度的同时，还能让销量更稳定呢？我们可以通过大AI调盘[①]来实现。

再来看成本。成本主要包括原材料成本、房租成本、运营成本等。

[①] 大AI调盘是一种集成了AI各种功能的系统，是由笔者公司开发的。大家可以根据自己的实际需要选择使用大AI调盘或跟其类似的AI集成系统。

原材料成本涉及成本和损耗两个方面。

降低成本可以通过两个方法来实现：一是扩张规模，这样采购价格才可能降下来；二是自建工厂，这样环节利润才可能提高。

规模靠什么扩张呢？可以通过大AI调盘来实现。比如，经过大AI调盘推算，瑞幸咖啡决定在北京物资学院附近开一家新店（位于北京通州区）。开业之后，很多时候，该店上午的营业收入就与瑞幸咖啡旗下一家普通门店的营业收入相当。这相当于该店上午就完成了其他店一天的任务。

另外，怎么能足不出户就知道全国门店发生了什么事？怎么能知道哪些门店经营火爆，很多品类都售罄，哪些门店还需要帮助？这些通过大AI调盘、大AI监控、大AI模拟推算都能实现。包括瑞幸咖啡的自建工厂，不管在云南，还是在广西，都可以通过AI监控每一个环节，进而实现降本增效。

损耗的控制则涉及工业互联网的内容。降低原材料的损耗可以通过两个方法来实现：一是自建平台管理供应链，二是进行数字化运营。这些也是可以通过大AI调盘实现的。在数字化运营中，不少企业在图纸设计层面就已经开始出现损耗了。常见的如图纸迟迟设计不出来。这时，大AI调盘可以通过帮助图纸设计者做比较科学的预算判断或者图纸规划输出来帮助图纸设计者降低损耗。这样就可能把损耗降下来。另外，大AI调盘还可以在图纸设计层面把整个数字化运营的损耗算清楚。

房租成本涉及租金、营建周期、关店率。

瑞幸咖啡旗下的某家门店就是用大AI调盘的LBS技术，基于地理位置找出租金洼地。单靠这个技术，我们就能了解某个城市的哪些地方租金便宜，哪些地方租金性价比不高。

营建周期越短，成本就越低。我们可以通过数字化指导营建来缩短营建周期。

关店率涉及数字化指导选址，提高点位质量。大AI调盘可以提供相关推送。

运营成本包括营销费用、人员成本、配送成本等。

对于营销费用，我们可以通过自建流量池营销、聚焦新品而非加大曝光来降低。

对于人员成本，如果门店规模小，我们需要的人员就会少；如果门店经营自动化程度高，我们对于人员的要求就会降低。

对于配送成本，我们可以在配送方式方面下功夫。比如，可以跟合作伙伴开展战略合作；可以自建配送中心；还可以从实际情况出发，进行单门店配送，缩小配送范围等。

这些运营方面的成本都可以通过AI计算出来。计算出的结果再经过财务人员人工审核后，就可以为企业降本增效提供切实可靠的数据支撑。

那么，在上述过程中，私域流量是如何发挥作用的呢？比如，在营业收入方面，怎么才能上更贵的新品呢？我们可以在私域社群里测试新品。测试结果即可以告诉我们答案。又如，在原材料成本方面，怎么才能降低成本呢？我们可以先在私域社群里进行预售，然后根据用户订单（包括企业订单和个人订单）的情况，再去确定生产规模和原材料的采购数量。这样，做好供应和管理的每一个环节，才能将大AI调盘和私域流量充分结合起来，才能真正实现降本增效。

▪▪▪▪ 利用AI技术进行社交圈裂变运营

瑞幸咖啡的社交圈裂变运营，包括获客提频、复购以及会员经营，主要分为以下三个阶段。

1. 转化/多渠道引流

我们可以通过线下门店、自有App、微信（包括小程序、公众号等）、抖音、小红书、微博、B站等平台不断地将用户引流到社群。而且，自2021年9月开始，基本上只要付费就可以实现平台之间的引流。比如，要把抖音引流到微信，可以通过抖音上的巨量星图来实现，引流成本是每个粉丝2元。对于企业来说，不遗余力地引流到私域，是进行社交圈裂变的重要前提。

比如，截至2021年底，瑞幸咖啡的线下门店已经超过6000家，使用微信小程序的私域用户规模达到了993.4万，使用App的私域用户规模达到了1145.1万，使用微信公众号、抖音官方号等的私域用户规模达到了181.1万。2021年瑞幸咖啡的累计用户是9200万，其中私域用户的占比超过了四分之一。私域引流的巨大能量由此可见一斑。

2. 中心化社群运营

引流到私域之后，涉及添加企业微信、LBS位置进群、社群的日常运营等，现在已经全部用 AI 来做了。

瑞幸咖啡的社群运营通过千人千面给用户打上标签，随后通过 ChatGPT 把内容输出，接着用 Midjourney 以最快的速度做出图片海报，直接定制化输送出去。系统如果判定该用户对价格敏感，就会给其定制发送适合的大额优惠券。如果判定该用户对价格敏感且爱分享，就会在给该用户推送大额优惠券的同时，邀请他给别人发送优惠券。一旦别人用该用户发送的优惠券消费了，平台还会给该用户发佣金。系统如果判定该用户对价格不敏感且不属于爱分享的人，就会给该用户推送个性化的宣传海报。

3. 提频 / 裂变

提频和裂变可以使用限时优惠福利券。至于其他形式，还有付费会员卡和多渠道直播等。比如，仅 2022 年 3 月，瑞幸咖啡抖音直播的销售额就达到了 753.6 万元。

在提频 / 裂变过程中，瑞幸咖啡依然没有用人工。在后续的环节里，人工则是不可或缺的。因为人要训练 AI，以更快地完成工作。如下载 App、邀请新客户、群内抢券、运营小程序和微信视频号等，需要人和 AI 一起去做。

众所周知，真人直播的优势在于真人可以提供情绪价值，数字人直播的优势在于数字人可以进行 24 小时直播。再加上真人可以调教数字人，二者就能取长补短，共同为企业的获客变现做出贡献，社群运营也是如此。有了真人 +AI，企业的 App 和社群会运营得很好，社交圈的裂变也有了保障。

▪▪▪▪ 让公私域流量实现联动

私域撬动公域流量，比较简单的方式就是连麦。具体来说，就是直播时，我们通过与主播就私域热门话题互动来把流量"炸"起来。一个有流量话题、有故事的人，"炸"流量的效果会更好。不过，连麦只是私域撬动公域流量的"小撬"。

除了"小撬"，还有"大撬"。早期的社群和私域是"文科版"的千人千面，没有AI的色彩。做社群和做短视频、直播一样，不能只有AI，还必须对客户完全了解。假如我有位客户叫张彦祖[①]，他的微信相关介绍如图5-3所示。

图5-3 给用户做标识

---

① 关于张彦祖的一切信息都是虚拟的，不涉及某个真实人物的隐私。

从图 5-3，我们可以看到这些信息：这位客户名叫张彦祖，他的名字前面有个"A22"。A22 代表他在我们公司消费了 22 次。在我们公司，消费 20 次以上的客户，我都标记为 A。名字后面是他的电话号码。他的微信有个标签。点击标签，里面就是分组了。这是早期的社群分组私域的一些玩法。

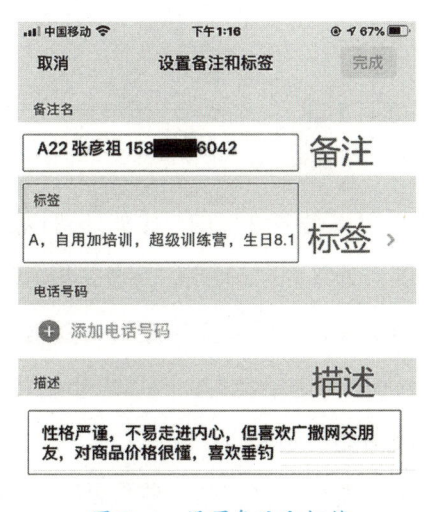

图 5-4　设置备注和标签

如图 5-4 所示，我们给他设置的标签如下。

A：

在我们公司消费 20 次以上的消费级别为 A。

自用加培训：

一些个人学员在参加培训后可以进入我们公司的流量业务交付团队。一些宝妈学员就是如此。我会分一部分企业订单给她们，让她们去完成。如果再有订单想群发给这些人，我点击"自用加培训"的标签，就能找到她们。这样可以省时省力。

超级训练营：

超级训练营是我负责运营的。要参加这个训练营，就要到线下基地来深造。相应地，这个训练营的费用也要高一些。客户有没有参加过超级训练营，我一点击这个标签，就会显示结果。如果参加过，就属于我的高级客户，我会每半年发给他们一些优惠券。

生日：

8.1，即生日是8月1日。

描述：

对于客户的描述可以是多维度的，比如还可以加上他的性格、交友态度、对人的态度、对商品的态度等。另外，最好能附上一张照片。

下一步，我一旦有新品，就会优先发给A级客户；一旦有超级训练营的课程，就会优先推送给他们；一旦想介绍几个人跟他们认识，就可以根据他们的爱好进行适配。

当然，这是千人千面很久之前的一些做法。当和这些客户熟悉之后，下一步就是用私域撬动公域流量了。比如，我周五要进行直播，主推一个价值299元的套餐券，那么从周一到周四，我会在这些客户所在的微信群及时通知他们，并把100元抵扣150元的优惠券发到群里。一些群成员或出于自己需要，或出于对我的信任，或出于其他原因，领取了优惠券。等周五快开播的时候，我就把我的抖音直播链接发到群里。领取优惠券的人就会点击这个链接，继而看到一条短视频，然后通过短视频跳转到直播间进行购买。具体的话术可以参考表5-2。

表 5-2　直播间话术模板

"憋单"动作	直播间话术模板
周五晚 8:00 开播	痛点解决类：这就是××报道过的能显瘦的裙子
周一到周四，可以更久前进行预售	服务至上类：1.这家店商品太烂。答：一一解释后，买家道歉 2.客服小姐姐不错呀，上次忙了2小时帮我催快递
周五晚，将加热的短视频发入群内	好评如潮类：商品真的很好！我下次还买！+1+2+3+……
领取优惠券的客户点击短视频右上角进入直播间	助力 IP 类：主播还记得我吗？你前天在朝阳公园遛狗时我也在
进行"下单"与"话术"	强调门槛类：美白效果确实还行，有研发室的公司就是不一样
直播与短视频流量增加，甚至实现闭环	高频使用类：这个月第4次买了，能便宜点不

按照抖音的规则，一旦有人购买，平台就会给流量。但是，请注意，这个流量是从短视频跳转过去的。短视频系统认为这个流量很值钱。因为用户到直播间购物去了，所以短视频给我们流量，直播间还给我们流量，这叫私域撬动公域流量。私域撬动公域流量之后，公域再把流量引来成为一个个社群，把其培养成分销商。这就形成了流量的闭环、获客的闭环。

■ ■ ■ ■ ■ 社交圈在线下门店的应用

图 5-5 是瑞幸咖啡的智能监控系统。不少企业也使用了类似的系统，但很多人好像都没搞明白它到底是用来干什么的。其实，它不是用来监控员工和粉丝的，而是为了做千人千面的推送用的。

AI-LuckySense智能视频监控

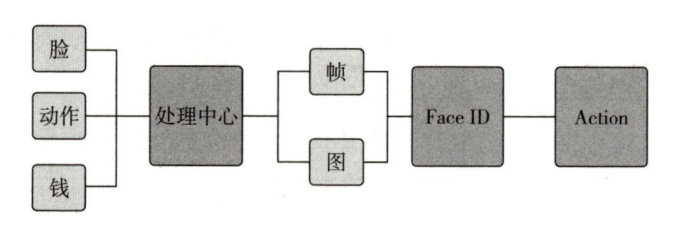

```
┌────┐
│ 脸  │──┐
└────┘  │      ┌──────┐
┌────┐  │      │ 帧  │──┐
│动作 │──┼──▶│处理中心│◀─┤       ┌────────┐    ┌────────┐
└────┘  │      │      │  │──────▶│ Face ID │──▶│ Action │
┌────┐  │      └──────┘  │       └────────┘    └────────┘
│ 钱  │──┘      │ 图  │──┘
└────┘          └──────┘
```

图 5-5 瑞幸咖啡智能视频监控系统

这些数据包全部输送给数据处理中心，数据处理中心会输出帧和图，传输到 Face ID。最后，再将上述信息传递到所有瑞幸咖啡门店的系统里。瑞幸咖啡就用这套系统去进行分配。不过，这只是社交圈在线下门店的表面应用，并未涉及内核。

社交圈在线下门店的内核应用则涉及瑞幸咖啡的全链路数字化地图（如图 5-6）。瑞幸咖啡有一个"六脉神剑"，分别是指门店管理、门店选址、产品研发、供应链管理、人员管理、用户运营。从这六个方面出发，瑞幸咖啡搭建了全链路数字化地图。在该地图中，社交圈在线下门店的内核应用只占智能用户运营的一小部分。

瑞幸咖啡全链路数字化地图

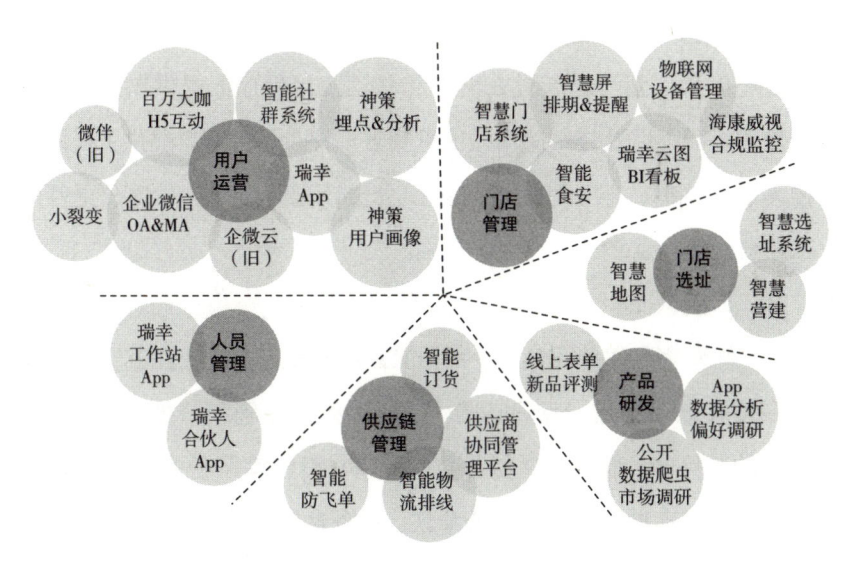

图 5-6　瑞幸咖啡全链路数字化地图

亚马逊公司是一家真正专注于数字化运营的公司，其成功的秘密武器就是亚马逊飞轮（如图 5-7）。它也是社交圈这种内核应用的重要工具。亚马逊飞轮主要包括以下四个方面。

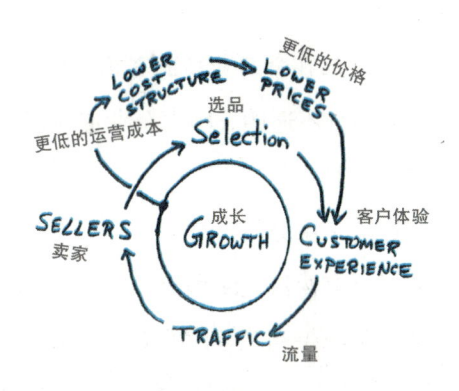

图 5-7　亚马逊飞轮

第一，客户体验。

不管在私域，还是在社群，要应用亚马逊飞轮，首先要关注的一定是客户体验。亚马逊通过在网站和移动应用程序上提供友好、简单和一致的界面，以及详细的商品信息和客户评价，为客户提供了极佳的购物体验。同时，亚马逊还通过推出会员计划等方式，让客户更倾向于在亚马逊购物。

第二，流量。

有了优质客户体验之后，一经推广，流量就来了。我在苏宁工作的时候并没有意识到这一点。其实，真正的好产品稍稍一推广，一定是有流量的。抖音、脸萌、微信、今日头条、滴滴等平台的流量就是这么来的。像瑞幸咖啡推出的椰云拿铁、酱香拿铁等爆品也都是如此。

第三，卖家。

流量多了之后，卖家自然也就开始变多了。因为有流量的平台会吸引更多的卖家。

第四，选品。

卖家变多之后，选品也会变得更加丰富，而丰富的选品将会给客户带来更多优质的体验。

其实，国内很多企业都在学习亚马逊飞轮。只是在国内的经济环境中，只用亚马逊飞轮是行不通的。国内企业必须做到"先礼后兵"。总结来说，就是先重仓后重点。

先重仓是指做好物流＋服务。

在物流方面，通过自有物流网络和第三方物流服务提供商，将商品快速送达客户手中，从而提高了客户的满意度和忠诚度；通过引入机器人等自动化设备，提高了仓库的操作效率和配送速度。

在服务方面，通过提供优质的客户服务、免费退货、丰富的商品评价和客户问答等方式，进一步提高客户的满意度和忠诚度；通过开展社会责任项目和公益活动等方式，赢得社会各界的认可和支持。

后重点是指靠双优品获得利润。

所谓双优品，就是指质量好且性价比高的商品。长久以来，人们对于价格便宜的商品都有一种误解——便宜没好货。反而是价格中等或稍高的商品更受欢迎。有了物流、服务方面的先期加持，大家对双优品也会越来越认可。

▪ ▪ ▪ ▪ ▪ 知名企业AI+社群应用

在有 AI 加持之前，企业要想充分运用社群等私域力量就需要遵循这样的流程：企业先要为用户提供优质的客户服务。有了优质服务打底，随后依靠价格、小程序的体验、产品的品质，给用户带来优质体验，吸引用户的注意。有了流量，压缩供应商的利润空间，然后选品，搞更多的营销活动。流量再增加之后，企业就可以以更低的运营成本、更低的价钱补贴给用户，持续不断地促使这个雪球一直滚下去……有了 AI 加持之后，企业在私域运营方面又会做出哪些不一样的努力呢？

1. 私域社群构建

瑞幸咖啡建立了高度互动的私域社群平台。它现在已经开始尝试用 ChatGPT+ 数字人的方式做互动和订餐，准备打入另外一个市场了。

2. 个性化推荐

麦当劳通过 AI 技术，尝试利用 ChatGPT 与数字人分析用户偏好，为用户提供个性化美食推荐。

3. 内容创作与互助

必胜客目前在做的是内容创作与互动。它正在尝试通过 ChatGPT 和数字人去创作有趣的内容，而且它的数字人还是基于动漫的场景与用户互动的。

4. 会员专属福利

星巴克最负盛名的私域运营就是为会员提供独特的会员专属福利，目的就是提高复购率。它的会员专属福利也做到了千人千面，并尝试通过 ChatGPT 跟数字人的结合让这项技术有进一步的提升。

5. 数据分析与精准投放

呷哺呷哺为了更好地运营私域，做了数据分析与精准投放，它通过运用 AI 技术分析用户数据，对用户进行精准投放。至于投放的内容，发券占据很大比例。

6. 用户反馈与互动

在数字化应用上，阳坊胜利涮羊肉使用的是通过社群私域化做整个用户反馈，并鼓励用户参与积极互动的方式。它目前正在尝试把 ChatGPT 与数字人加入到与用户的互动中。

7. AI 客服

为了更好地运营私域，康师傅私房牛肉面采用的是 AI 客服，即为用户提供智能服务方案。具体操作时，它培训了 ChatGPT 与数字人作为智能客服，来帮助用户解决问题。

8. 私域社群营销

小肥羊火锅目前做的是私域社群营销，正尝试运用 ChatGPT 与数字人生成个性化促销活动，提高转化率。

当然，上述努力并非 AI+ 社群应用的全部。而且，企业在具体实践中也不可能只就单点发力。这就要求企业在使用 AI+ 社群时，要从自身实际出发，结合自身优势，实现多点出击。

6

AI+IP：11件套持久变现法

AI引流变现8步法

- 1. AI引流变现8步法（中心）
- 2. AI+短视频 线上线下快速导流变现法
- 3. AI+投放 投1元赚68元变现法
- 4. AI+直播 真人与数字人混合变现法
- 5. AI+社群 裂变私域变现法
- 6. AI+IP 11件套持久变现法
- 7. AI+短阵 三位一体持久变现法
- 8. AI+管理 三板斧持久变现法

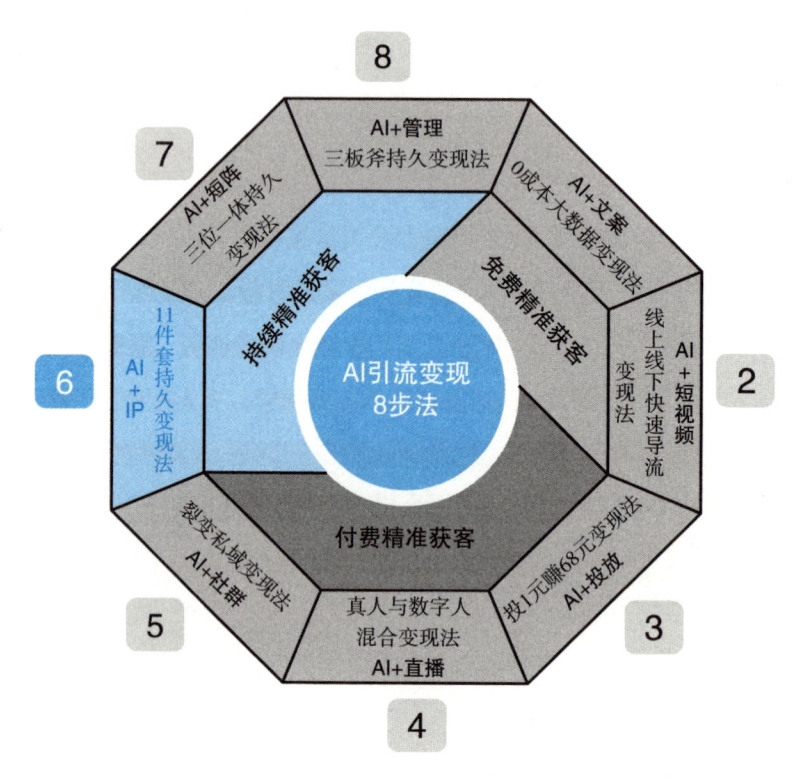

附加：AI+文案 0成本大数据变现法

分区：
- 持续精准获客
- 免费精准获客
- 付费精准获客

▪▪▪▪ 品牌影响力需要IP形象加持

现在一提到 IP，大家更多地会想到一个问题，那就是：做 IP 还有没有前途？之所以会那么想，原因不外乎两个：一是很多大 IP 日子似乎不好过，二是做 IP 真的好难。

其实，大可不必如此担心。对于个人而言，以做 IP 为目标，能成为 KOL 甚至圈红就已经是不错的归宿了。[①]KOL、圈红，和拥有亿万粉丝、破圈到全国大部分人都知道的 IP，路程相去还远，但依然能每年增加收入百万元、千万元，甚至更多。

对于企业而言，线下传统企业，特别是渠道类的传统企业，一定

---

① 实际上，KOL、圈红已经属于广义上比较低层次的 IP 了。

要走IP之路。为什么？这就涉及该类企业一个很重要的课题——转型。

IP是一个非常直接的流量抓手，不仅能让自身更有辨识度，还能让更多的人在第一时间看到自己。与此同时，IP还是品牌方与消费者形成情感链接的利器，能为消费者提供更多的温度和情绪价值。一旦品牌方有了自己的IP，品牌的影响力就在无形中扩大了，不少消费者也乐于在自己有需要的时候为这些品牌付费。IP对品牌影响力是有加持作用的。

提升品牌影响力的两种IP形象打造方式

我们该怎样做才能让IP充分发挥作用呢？做法主要有两种。

1. 打造知名IP形象

IP合作对企业资源有一定依赖性，也是一些大企业通常会选择的做法。像我们熟悉的麦当劳和肯德基就是个中高手。比如，麦当劳和游戏"部落冲突"合作，出品了安格斯MAX厚牛堡。肯德基和可达鸭、皮卡丘等合作，出品了含有可达鸭、皮卡丘等小玩具的套餐。

此外，得到 IP 合作方授权后，企业也可根据自身的需要，选择用 AI 软件（比如 Midjourney）去生成合作使用的图片、头像等。这也是打造知名 IP 形象的基础。有了形象之后，打造知名 IP 形象的行动才能展开。

通常来说，打造知名 IP 形象一共分为五个步骤。

第一步，制定战略。

比如，肯德基要建立与年轻人的互动桥梁，应该制定怎样的战略呢？众所周知，现在几乎人人离不开网络，特别是年轻人。要跟年轻人产生深度链接，创意联动全网营销是个不错的选择。

至于具体做法，主要包括三个方面：首先，要定位目标受众群体，明确 IP 形象与品牌定位的契合度。其次，要制定相应的 IP 选择标准。最后，要匹配 IP 形象，制定切实有效的策略，将 IP 元素代入整个市场传播方案。

在这一步中，最关键的就是用户画像是否匹配 IP 形象。比如，卖儿童套餐时使用经典动画片中的 IP 动画形象就很合适，要是用《狂飙》里的人物形象就差之千里了。

第二步，策划方案。

明确了战略之后，下一步要做的就是策划方案，化抽象为具体。鉴于人们日常对于新媒体和游戏的依赖，同时考虑到粉丝特性，肯德基制定了以新媒体为主要营销渠道，全面打造肯德基 IP 粉丝生态圈的方案。

至于具体操作，主要包括三个方面：首先，匹配手游题材，选取适合的 IP 形象。其次，借助手游人气，拓展粉丝群体，增加用户互动。

最后，创建粉丝社群，实现会员式管理，为新老用户提供更为安全的购物体验。

在这一步中，最关键的是一定要进行会员式管理，让自己的新老用户都去参与。如果这一步失败了，后面也就无从谈起了。

第三步，实施营销活动。

营销活动是对方案的细化。肯德基的"味之道"就是让用户通过手机 AR 成功实现了线上线下互动的营销活动。

至于具体操作，主要包括三个方面：首先，该活动要以娱乐为主，为用户营造好玩、高颜值的互动体验。其次，该活动要以互动为核心，提高品牌的知名度和用户粘性。最后，要针对活动特点，采用短视频等创意手段，提升话题传播效应。

在这一步中，会员式管理继续发挥着重要的作用。

第四步，监测效果。

实施营销活动之后，我们还需要继续跟踪效果，监测效果。我们可以选择利用社交媒体进行用户反馈数据统计和分析。

至于具体操作，主要包括三个方面：首先，利用社交媒体感知新趋势，精准把握用户偏好和市场需求。其次，通过营销数据分析，及时调整运营策略，深入挖掘用户价值。最后，落地推广总结，对活动效果进行全方位分析，体现活动预算的有效性和实际收益。

在这一步中，我们要重点判断哪些做法是对的，哪些做法是错的。

第五步，持续更新迭代。

效果分析完成并不意味着 IP 形象打造的结束，还需持续更新迭代。于是，在复盘一系列营销活动后，肯德基又推出了"星愿大咖抖音生活节"，邀请"星愿小伙伴"拍摄 MV 的活动。

至于具体操作，主要包括三个方面：首先，不断推陈出新，巧妙结合时下热点，提高 IP 形象的热度和用户参与度。其次，推动用户参与及共创，让用户真正成为品牌营销的一部分，从而实现长期的品牌营销计划。最后，维持产品竞争优势，保证用户持续的品牌体验和购物体验。

以上是打造知名 IP 形象的一套通常打法，也是快速打造 IP 形象、提升品牌影响力的常见方式。

2. 打造自有 IP 形象

不少中小企业并没有大企业的实力，跟知名 IP 合作存在一些困难。这时，它们通常会选择生成一个自己的 IP 形象。有两个软件生成 IP 形象比较好用，一个是 Midjourney，一个是知识星球。

Midjourney 是一个 AI 绘图软件，我们平常工作中需要的动漫形象、数字人等都可以通过它来生成[1]。该软件优点非常突出。首先，使用者无须拥有任何绘画基础，只要在对话框内输入描述目标的关键词，并点击发送，即可在短时间内得到由 AI 自行读取和理解并基于该关键词制作的多张效果图。其次，该软件给出的效果图非常细腻。最后，使用者还可以设置各种不同的风格和主题[2]。比如，我把我的照片输入进去，关键词是"动画写实和美式插画"。得到效果图之后，稍微排版一下，一整套精致的海报就完成了。出图效率至少比人工操作提高了 10 倍。

此外，使用该软件时，需要注意以下几个问题。

第一，使用图生图功能时，原图中的人物一定要足够大。

---

[1] 该软件有文生图和图生图两种方式。

[2] 这一功能属于图生图。

如果人物小，照片景深大，画面中呈现的内容就会很多。在这种情况下，无论怎样描述，都很难得到跟该照片人物相似的效果图。

第二，使用图生图功能时，原图的清晰度一定要高，最好是用相机拍摄的高质量照片。

这跟AI作图的原理密切相关。使用AI作图时，最初形成的是一个个模糊的点，用AI进行运算之后，这些点才变得越来越清晰。如果图片像素非常低，像素点就太少，我们就像用一根很粗的笔来画图，自然有很多细节不太像。如果原图像素非常高，我们就像在画工笔画，人物的轮廓和五官就会画得跟原图非常接近。

除了Midjourney，大家还可以选择知识星球。这是我们公司开发的一个软件，里面有数字人播报、文本配音、视频剪辑、形象与音色定制、智能抹除、字幕识别、数字人直播、AI绘画等功能。这是生成IP形象的一些关键操作。

打造知名IP合作方案

知名IP合作方案发挥作用，主要体现在引流到门店和促进复购两个方面。下面我就以瑞幸咖啡等知名企业为例进行说明。

1. 引流到门店

（1）进行 IP 形象推广

为了引流到门店，企业可以采取 IP 或品牌合作的方式，在自家店内打造主题化装饰或推出与 IP 相关的特色产品，吸引粉丝和新的消费者。瑞幸咖啡就是这么做的。比如，2023 年 9 月，瑞幸咖啡推出了跟茅台合作的联名咖啡——酱香拿铁。据瑞幸咖啡官方公布的数据，酱香拿铁首日销售额就已经突破亿元；截至 2024 年 3 月 21 日，酱香拿铁的用户数量已经突破 2500 万。该 IP 联名产品受欢迎的程度由此可见一斑。

（2）进行社交媒体营销

为了引流到门店，企业可以采取与知名 IP 合作，在社交媒体上进行联合推广和互动活动的形式，来提高自身品牌的知名度和曝光度。仍以酱香拿铁为例。在推广酱香拿铁的过程中，瑞幸咖啡和茅台在社交媒体上开展了各种线上互动活动，比如抽奖、打卡、分享。消费者通过参与互动可以免费喝咖啡，得到专属红杯，品尝二次联名产品酱香巧克力等。好玩有趣的活动和奖励，让消费者在参与的过程中，也对瑞幸咖啡有了进一步了解。

（3）进行瞬间分享互动

为了引流到门店，企业可以通过创造特殊活动，如与 IP 合作的签名活动、限量款合作等，来引发消费者分享与互动，扩大品牌的影响力。2023 年 4 月，瑞幸咖啡和哆啦 A 梦 IP 合作，推出了冰吸生椰拿铁，并上线了限量款的纸袋、杯套和贴纸。非常有意思的是，消费者在拿到贴纸之后，还可以按照自己的心意进行二次创作。拿到贴纸的消费者纷纷在社交媒体上晒出了自己心爱的贴纸，引发了很多互动。不少消费者期待着瑞幸咖啡带来新的惊喜。

2. 促进复购

（1）个性化 IP 推荐

企业可以根据用户的偏好和消费记录，推荐与其喜爱的 IP 相关的特色产品或促销活动，增加其复购动力。要实现个性化 IP 推荐，一是需要相应的工具，二是需要与之相配合的活动。就拿瑞幸咖啡来说，它就是运用 ChatGPT 和 Midjourney 分析用户偏好，进而将符合用户偏好的产品或活动精准地推送给相应的用户的。

（2）IP 会员计划

企业可以设计与 IP 合作的会员计划，给予会员专属权益和福利，如免费赠送 IP 周边产品、限定版商品等，来提高消费者忠诚度，进而提升复购率。比如，必胜客与宝可梦合作出品联名套餐，凡是购买指定套餐的消费者（相当于会员），即可得到限量版的皮卡丘周边。众所周知，皮卡丘是很多人的童年记忆。再加上有趣的周边，该联名套餐的复购率大大提升了。

（3）IP主题活动

企业还可以结合IP形象和特点，定期举办与IP相关的主题活动，如粉丝见面会、推出限量款签名杯等，吸引粉丝再次光顾。比如，瑞幸咖啡与椰树椰汁于2022年联名推出生椰拿铁，并于2023、2024连续两年为生椰拿铁"庆生"。尤其2024年的"生日"，瑞幸咖啡跨次元邀请了合作者。合作者演唱的《生椰快乐歌》及其魔性的表情包贴纸，在为粉丝带来欢乐的同时，也让粉丝对生椰拿铁有了进一步了解，解锁了对更多有趣事物的兴趣，从而提高了该产品的复购率。

瑞幸咖啡等企业为我们提供了一种很成功的IP合作模式。而且，该模式是可以复制的。其他企业也可以启用该种合作模式，结合自身实际，找到适合自己的IP合作商，打造适合自己的IP联名款，找到适合自己的IP互动方向。

选择适合自己的IP形象

通常情况下，IP形象主要可以分为以下五种。

第一种，可爱卡通形象。

此类形象的目标受众是年轻人和以家庭为单位的消费者。使用此类形象的企业传达的品牌核心价值观通常为健康、创意和便利。像小熊西餐厅选择的就是这类形象。小熊西餐厅通过社交媒体、网红合作等方式将用户引流到门店，并通过开展会员制度、推出特别优惠和奖励机制，鼓励用户再次光临。

第二种，黑科技形象。

此类形象的目标受众是一些科技爱好者和时尚潮流人群。使用此类形象的企业传达出的品牌核心价值观通常为创新、科技感。选择此类形象的某些餐饮企业可以通过使用 AI 聊天机器人，提供个性化的推荐、订单跟踪、智能服务等来完成用户引流，并通过提供手机点餐、智能支付等方便快捷的服务来促使用户实现复购。

第三种，文化符号形象。

以文化符号作为 IP 形象的企业，其目标受众是地域文化爱好者和旅游者人群。此类企业传达出的品牌核心价值观是地域文化、历史和传统。像河风精致寿司选择的就是此类形象。河风精致寿司通过与当地文化机构包括旅游景区合作，引流相关人群；通过提供地道的地方特色美食，引起当地用户的情感认同的方式，来促使用户实现复购。

第四种，名人形象。

以名人形象作为 IP 形象的企业，其目标受众就是名人的粉丝群体和他的社交媒体用户。此类企业传达出的品牌核心价值观就是知名度和影响力。像星厨餐厅选择的就是此类形象。星厨餐厅与知名厨师、明星合作，通过他们的影响力去吸引粉丝，完成引流；通过与名人合作推出特定的菜品、独家签名纪念品等方式增加复购率。

第五种，智能互动形象。

如果目标受众是科技爱好者和年轻人，企业就可以选择智能互动形象作为自己的 IP 形象，毕竟对于此类企业来说，提供个性化的互动体验才是其要传达的品牌核心价值观。互动食堂就是此类企业中的佼佼者。互动食堂通过运用 AI 技术，开展用户互动游戏，增加趣味性和参与感，来吸引用户；并通过设立积分与等级制度、奖励互动频次高的用户的方式，来鼓励复购。

当然，上述五种 IP 形象并未覆盖所有品类。企业需要从自身的目标受众、品牌核心价值观、引流战略及复购战略等角度考虑，来选择适合自己的 IP 形象。

▪ ▪ ▪ ▪ ▪ 打造适合自己的独特IP

通常情况下，IP 的打造方法主要包括以下五种。

第一种，提供 VR（虚拟现实）互动体验。

提供 VR 互动体验是某知名企业打造 IP 的独特方法。它通过虚拟技术，为用户提供了一些沉浸式体验，将对此感兴趣的用户吸引到门店。

同时，该企业还推出了会员制度，用 VR 技术为用户提供了定制化菜单，并对消费的会员进行奖励。

第二种，打造 AR 互动菜单。

在打造企业 IP 的过程中，AR 技术同样发挥着重要作用。企业可以利用 AR 技术打造互动菜单，吸引用户去真实地体验和感受新型点餐方式。同时，企业还可以通过提供积分和折扣优惠券的方式，鼓励用户再次光顾。

第三种，提供智能语音服务。

去吃货寿司门店消费的顾客都能有一个很棒的点餐体验，因为这家餐饮企业引入了智能语音点餐系统（这是其 IP 打造中的重要闪光点）。该系统运用了语音识别技术。顾客可以通过语音指令浏览菜单和点餐，减少了点餐过程中的焦虑。此外，吃货寿司还通过发放电子礼品卡、提供独家奖励的方式，引导顾客进行线上消费。

第四种，提供个性化推荐。

对于某些企业来说，个性化推荐是其 IP 打造的重要抓手。企业基于顾客的历史消费记录和偏好，为顾客提供个性化的菜品推荐和优惠信息。这样一来，接受精准推送的顾客中就有一部分会成为该企业的粉丝，甚至铁杆粉丝。此外，通过发布限时特价产品来吸引顾客尝试新菜品，提高复购率，也是不错的方式。

第五种，提供 AI 服务。

食尚配送在打造 IP 的时候独出心裁，它利用 AI 聊天机器人为顾客提供了在线客服和点餐支持，有效地提升了顾客体验，从而吸引了不少顾客。与此同时，食尚配送还通过设计会员活动，如生日特典、积分翻倍等，来增加顾客的归属感与忠诚度。

无论是VR、AR，还是智能语音、个性化推荐、AI聊天机器人，都只是让IP融合到实际运营中的常见方法。企业要想打造适合自己的独特IP，并使其产生巨大的经济效益和品牌影响力，就要从自身的目标受众、品牌核心价值观、引流战略及复购战略等角度入手，选择适合自身的实施方案。

IP离不开AI加持

众所周知，麦当劳、必胜客、星巴克、肯德基等都是做得非常成功的企业。它们为什么会成功呢？表6-1揭示了它们的成功因素。

表6-1　知名品牌企业的成功因素

知名品牌企业	成功因素
麦当劳	标准化供应链、快捷便利服务、创新性营销策略
必胜客	强调品质和服务、多元化的菜单选择、外送服务、面向家庭和团体消费
星巴克	独特的咖啡文化、舒适的店内环境、个性化定制、社交媒体策略

（续表）

知名品牌企业	成功因素
肯德基	与当地文化融合、口味适应性、独特的产品定位、广告营销
赛百味	提供健康轻食选择、个性化定制、快速服务、利用区域性产品定制和合作

正是这些因素帮助麦当劳等企业在所处的行业中树立了标准，让它们成了消费者信任的品牌。如今，品牌还会帮助企业继续延续辉煌吗？当然能。不过，现在的品牌通常会以一个具体形象整体展现出来。这个具体形象就是IP。可以说，它是品牌在新时代的变种。那么，我们如何通过IP来建立企业战略呢？主要包括以下九个步骤。

第一步，明确目标市场。

我们需要确定自己的目标用户，对他们的年龄、性别、地理位置、兴趣、消费习惯等有深入的了解。

第二步，定义品牌定位。

我们需要定义自家品牌在市场中的定位，包括定价策略、服务质量、创新性等。

第三步，确定品牌名称。

我们需要给目标用户提供一个有吸引力且易于记忆的品牌名称。

第四步，阐述品牌价值观。

我们需要阐述品牌的核心价值观和使命，以及如何在顾客心中树立积极形象。

第五步，描述标识和形象。

我们需要描述品牌标识和形象，包括颜色、字体和图形元素等。

第六步，制定品牌传达的策略。

我们需要确定如何将品牌传达给目标市场，包括广告、促销活动和社交媒体等渠道。

第七步，规划品牌扩展。

我们需要规划如何将品牌扩展到其他地区或领域，包括开设新店面、推出新产品或提供新服务等。

第八步，制订品牌保护计划。

我们还需要制订保护品牌知识产权的计划，涉及商标注册、版权保护和法律咨询等多个方面。

第九步，用 AI 技术对品牌进行整合。

我们需要利用 AI 技术实现品牌的引流和复购，包括智能推荐系统、客户关系管理和个性化营销等。

在上述九步中，AI 技术的加持起到了关键性作用。因为如果没有 AI 的整合，我们只按常规的八步去建立品牌或者 IP，会因速度太慢被淘汰。就拿做宣传短视频来说，可能你找了一位非常厉害的制作者，他 1 小时就能完工。可有了 AI 的帮忙，他 1 小时可以生成几百条，而且这些视频还能融合市场定位、名称、价值观等方方面面的信息和要求。

AI 技术对于 IP 的加持不止于此，它还会让 IP 形象更加栩栩如生。此前，我们团队用 AI 软件为某餐饮品牌设计的徽章就是一个很好的例子。

图 6-1　为某餐饮品牌设计的徽章

图 6-1 展示的徽章就是我们团队用 Midjourney 这个 AI 绘图软件设计出来的。当时，团队同事输入的指令是希望给某餐饮品牌做出一个充满神圣感的徽章，相当于是它的一个 IP 形象，让会员用户领取。这是最终生成的 4 张图片，图片质量很好，很细腻，而且是在很短的时间内做出来的。如果纯靠人工，就可能会耗费更多时间。

AI 可以极大程度提高 IP 打造的速度，还能保证 IP 的成品质量，我们有什么理由弃之不用呢？

▪ ▪ ▪ ▪ 用IP裂变实现持续引流、变现

对于品牌来讲，要实现持续引流、变现，IP裂变是其中不可或缺的一环。常见的IP裂变主要包括以下几个方向。

1. 任务裂变

任务裂变是一种做任务的推广裂变，邻里互助计划就是其中一个很常见的项目，即让一个小区的人互相介绍，互相帮助，通过任务去做裂变。邻里互助计划是怎么发挥作用的呢？

比如，某公司做"1元包邮领"的活动。负责的同事把活动海报（内含企业微信二维码）发到邻里互助群里，群成员可以通过扫码添加好友来参加。添加好友之后，他们就会收到自动回复的文案和海报，而且它们通常都是个人专属的（因为有AI的加持）。参与者按照活动规则在自己的社交媒体进行转发等操作后，就会获得相应的奖励（即1元包邮）。某公司也被更多的人看到了，实现了引流的初衷。而且，这些新人中有一部分会成为该公司的新用户，购买该公司的产品或服务。

这类裂变，如果有社区达人加盟，效果会更好。当社区达人将个人专属海报转发后，更多的人为他助力，某公司也会被更多的人看到。

2. 积分裂变

积分裂变是一种做活动的推广裂变。比如，某公司有个"积分换购，低至1分钱"的活动。大家可以通过扫描海报上的二维码参加活动，获得积分，然后实现1分钱购物。

首先，参与者通过扫码获得活动的个人专属文案和专属海报，按照活动规则在个人社交媒体分享。分享完成后，添加活动专属群查询个人积分。此时，查到的积分是参与者的初始积分，要实现1分钱购物的目标，还需要更多的积分。后续的积分要怎么获得呢？参与者通常要通过点击群内分享的小程序进入积分商城，选择自己希望用1分钱买到的商品，然后将其购买链接分享给自己的好友。每得到一个好友的助力，参与者就会获得一定的积分。助力的越多，积分也会越多，直到积分达到实现1分钱购物的标准。某公司也会因此获得一定量的新用户。用户数量增加了，某公司的营业额也会随之增加。

3. 分销裂变

这是一种通过刺激用户主动分享转发带来实时到账利益的裂变，适合公司和个人IP合作。比如，个人IP方会按照合作要求在朋友圈发一张海报。他的一些微信好友看到之后，就会扫码参与。大家扫码之后，会看到一个可以领红包的详情页。参与者在领取红包后，需要将指定的购物链接分享到个人社交媒体上。如果有人通过点击他分享的链接购买了商品或服务，企业就会返佣金给他。这样一来，企业和个人IP方就实现了双赢。前者获得了新用户，开拓了新的销售渠道，后者获得了佣金作为报酬。

4. 抽奖裂变

抽奖裂变的实质就是参与者需要将相关链接转发给别人，让尽可能多的人去参与抽奖。参与的人越多，收益就越多。最重要的是，参与抽奖的人，无论是谁，要提现的话，都要去下载该活动主办方指定的 App 或者注册指定的小程序。这样一来，参与抽奖的人很开心，因为拿到了切实的收益；举办该抽奖活动的主办方也很开心，因为收获了更多的新用户。

5. 社群裂变

这类裂变常会设置"诱饵"（实际上是奖励）来吸引社群成员主动邀请新人进群，从而扩大社群及该社群主导者（可能是个人，也可能是企业）的影响力。比如，有个吃货社群，某天群主发布了一个"邀请新人入群，1 元吃美食"的活动。参与者分享拉新海报，邀请新人入群。待完成活动设置的拉新任务后，他们就可以实现"1 元吃美食"的愿望。这里需要注意的是，参与者进行分享时，最好利用类似 Midjourney 的 AI 软件，自主生成自己的专属拉新海报。这样，第一次看到该活动海报的人才会有一种新鲜感，才更愿意去吃货社群进行探访。

6. 社交红包裂变

此类裂变常见的形式是点击小程序，参与抽红包。不过，要参与抽红包，必须先添加小程序的发起者为好友。第一次参与抽红包后，如果想得到更多抽红包的机会，就要将小程序分享给更多的朋友。参与的朋友越多，抽取红包的机会就越多，得到红包的金额就越大。这样一来，小程序的发起者就可以将自己添加的好友引导入群了。

7. 养成游戏裂变

此类裂变是通过设计养成类游戏，吸引用户参与并分享的一种裂变。它需要更全面的等级、奖励和场景设计来支撑。通过游戏互动，参与者不仅能享受游戏带来的乐趣，还能为设计游戏的品牌带来曝光度和传播度。个人IP也可通过养成类游戏来聚集与自己有相同乐趣的人。

8. 打卡裂变

有时候，此类裂变会跟自律或公益联系在一起。比如，每天坚持学习英语、减肥、做饭做菜，这些都可以作为互动的打卡活动。大家通过扫码进群，坚持每天参与，并将每天打卡的内容分享至自己的社交媒体。感兴趣的人会通过分享内容中的二维码扫码进群，或者由分享者邀请入群。

有时候，此类裂变会跟企业的引流、变现联系在一起。比如，某些职业培训品牌企业会请用户参与打卡活动。用户可以通过每天在社交媒体分享学习的内容、时间、心得等，来兑换相应的福利。这样一来，更多有相同培训需求的人会主动找到该机构，进行培训学习。

9. 测试裂变

与养成游戏裂变不同，测试裂变更像是在升级打怪。它是一种游戏兑换形式的裂变。比如，某企业设计了一个游戏，该游戏是进阶式的，随着游戏的深入，难度会逐渐加大。要玩游戏，就得遵从相应的规则，通过做抢券等任务来增加自己的实力。直到满足相应的标准，才能通关。如果在规定时间内无法达到标准，就需要通过转发该游戏的链接（或小程序等）到自己的社交媒体，来获得继续冲关的机会。

另外，该游戏每个月还会张挂月榜。玩家可以通过转发月榜来获得新的积分，兑换游戏中需要的道具或者继续冲关的机会……这样，玩家才能不断地参与这个游戏，该企业才能不断地获客。

10. 解锁裂变

所谓解锁裂变，就是要先做好或完成某个任务才能拿到奖励的一种裂变。此类裂变不仅适合社区达人，还可以帮助线下门店去引流、获客。

对于解锁裂变来说，设置解锁标准是非常重要的，可以让获客更精准。

■ ■ ■ ■ ■ AI+IP合作策略：11件套持续变现方案

众所周知，老乡鸡是知名餐饮企业，咪咕视频是以体育内容见长的知名客户端平台，如果这两家进行IP合作，该从哪些方面入手呢？我们可以按照以下十一个步骤（"11件套"）来制定合作策略。

第一步，确定老乡鸡和咪咕视频的合作意向及一些融合体育运动和营养快餐的目标。

老乡鸡是一个快速成长的餐饮品牌，此前长期在二三线城市耕耘，目前面临着转型。老乡鸡要实现转型，就需要扩大目标用户群，让更多的人知道老乡鸡，去吃老乡鸡。要实现这个目标，老乡鸡需要进行一些人群测试，以获得更好的传播。咪咕视频作为一线知名平台，在传播方面非常有优势。老乡鸡可以借助咪咕视频去进行品牌推广。咪咕视频呢？它也希望可以尽快下沉市场。于是，二者就有了合作的基础。此外，老乡鸡主打的营养快餐与咪咕视频的体育运动主题有着一定的适配度。这也是二者能够合作的重要条件。

第二步，研究咪咕视频平台及其在体育内容领域的市场定位和用户基础。

这里要研究以下几个方面：首先，咪咕视频在体育内容领域做得如何。其次，咪咕视频的用户基础怎么样。研究发现：咪咕视频是国内顶尖的体育内容播放平台，其用户基数很大，且相当一部分用户是经常需要吃快餐的。如果老乡鸡跟咪咕视频合作，收益大概率会很可观。

第三步，研究老乡鸡品牌的体育运动元素及营养快餐相关推广活动。

老乡鸡主打营养快餐，但营养快餐不是说出来的，而是要做出来的。要想跟咪咕视频合作，老乡鸡就需要从自身抽出一些体育元素。

第四步，定义版权合作范围。

版权合作涉及影片、音乐、广告、商标和品牌形象等诸多方面。老乡鸡和咪咕视频如果要合作，就要从实际出发，界定具体的合作范围。

第五步，确定版权的使用期限、使用范围。

具体来说，这一步要确定的就是版权可以用几年，可以在什么地方用。

第六步，确认版权合作的权益保护机制。

版权合作的权益保护包括知识产权的保护、侵权追责等。有了版权合作的权益保护机制，双方权益可以得到最大程度的保障。

第七步，进行合作协商。

这一步商议的都是一些具体细节，包括版权费用、分成比例、支付方式和结算周期等。

第八步，签署合作协议，明确双方的权责、版权使用规范、合作期限和终止条件等。

第九步，履行协议，进行版权交付及相关推广宣传和市场推广的合作执行。

到了这一步，双方开始具体执行合同了。

第十步，建立合作期间的沟通协调机制，确保双方能够及时解决问题和反馈意见。

合作期间，双方要多沟通，多交流，及时解决问题和反馈意见。

第十一步，定期评估合作效果，根据市场反馈和用户反馈，调整和优化合作策略。

这一步做的就是复盘和不断迭代的工作。

以上这 11 个步骤不仅仅适用于老乡鸡和咪咕视频的 IP 合作策划。任何两个品牌进行 IP 合作，都可以使用这个模板进行合作策划。融合是该模板发挥作用的关键词。首先，用户是要融合的。比如，你的企业卖咖啡，你的用户多大年龄？和你合作的平台用户多大年龄？双方有没有交集？有交集，才有合作的可能。其次，目标是要融合的，合作双方最好是互补型的。最后，一方能抽取出哪些元素跟另一方融合。

不过，上面这个策划展示的步骤都是常规的，如果有 AI 介入其中，会发生什么样的变化呢？表 6-2 展示的就是 AI 介入后的改变（仍以老乡鸡和咪咕视频的 IP 合作为例）。

表 6-2　用 AI 介入 IP 合作

步骤	建议方向	AI 介入后的改变
1	确定老乡鸡和咪咕视频的合作意向及一些融合体育运动和营养快餐的目标	AI 可以提供数据分析和市场洞察，帮助确定更精准的目标受众和推广方向
2	研究咪咕视频平台及其在体育内容领域的市场地位和用户基础	AI 可以分析咪咕视频用户的兴趣偏好，帮助定位合作内容和增加用户参与度
3	研究老乡鸡品牌的体育运动元素及与营养快餐相关的推广活动	AI 可以提供消费者洞察和行为分析，帮助优化品牌推广策略和活动设计
4	定义版权合作范围	AI 可以监测侵权行为，提供保护品牌版权的自动化系统和解决方案

（续表）

步骤	建议方向	AI介入后的改变
5	确定版权使用期限、使用范围	AI可以分析不同渠道和地域的用户需求和市场趋势，提供定制化的版权使用建议
6	确认版权合作的权益保护机制	AI可以提供自动化的版权监测和侵权追责系统，帮助有效保护和维护版权权益
7	进行合作协商	AI可以提供数据分析和预测，为合作协商提供参考和支持，提高合作效率
8	签署合作协议，明确双方的权责、版权使用规范、合作期限和终止条件等	AI可以提供自动化的合同管理和监控，确保合作协议的执行和维护
9	履行协议，进行版权交付及相关推广宣传和市场推广的合作执行	AI可以提供个性化的内容推荐和用户互动方案，提高推广效果和用户参与度
10	建立合作期间的沟通协调机制，确保双方能够及时解决问题和反馈意见	AI可以提供智能客服和数据分析支持，加强双方之间的实时沟通和问题解决能力
11	定期评估合作效果，根据市场反馈和用户反馈，调整和优化合作策略	AI可以提供实时数据分析和反馈，为合作策略调整和优化提供参考和建议

由表6-2可知，有了AI的加持，每个步骤执行的效率都得以大幅提升。AI版的"11件套"可以让IP合作得以更好地完成。

■ ■ ■ ■ AI+IP定制策略：业绩N倍增的AI生成方案

图6-2是我们团队为某知名培训品牌做的一个用户体验旅程地图。用户旅程地图其实就是个漏斗，就是用户从获取信息到最终付费，到底经历了什么，所处的是哪个阶段，他在该阶段会有哪些行为，你怎么接触他，他的心情怎么样，痛点是什么，机会点是什么。我们团队要做好这个方案，就要先去收集一定的数据，再去进行分析、整合。以前，我们需要投入大量精力。光是收集数据这一步，都需要花费不少时间。现在，有了AI的帮忙，这些工作所需的时间就大大缩短了。

当AI积累了一定量的数据后，我们可以用ChatGPT等软件在短时间内快速生成多套方案，来供用户选择。我们团队给该品牌做的这套方案就是在ChatGPT4.0辅助下生成的。这不仅是为该品牌这样的知名IP量身定制方案，还是一通百通、业绩N倍增的AI生成方案。

前文提到的老乡鸡和咪咕视频的合作同样也可以用这套打法来制定方案。这时，我们就需要规划一下从获取信息到最终达成合作的全流程，要经历哪些阶段，怎么获取信息，怎么进行挑选，增加什么体验，有哪些具体付费等。这些都可以清晰地显示在体验地图里。

在具体工作中，到底是选择AI"11件套"，还是AI生成方案，企业可以根据打造自身IP的实际需要做出选择。

6　AI+IP：11件套持久变现法

家长购买儿童培训课程的体验地图

根据对用户行为的结构，在具体的用户行为接触点上设计组织行为，并从中分出体验的主次矛盾，抓住产品或服务的核心价值

阶段	获取信息	挑选培训机构	参加体验课程	付费报名+课程体验
行为	1.课程顾问在学校及学校附近发传单 2.课程顾问微信朋友圈发布促销活动 3.其他家长的朋友圈促销活动信息 4.到美团、大众点评上找课程团购信息	1.根据孩子兴趣点选择培训班 2.优先选择离家近、教师资质优、装修明亮、促销活动大的培训机构	1.体验多门课程，如美术、音乐、乐高等，让孩子自己选 2.家长坐在最后一排听，教室小窗可见教室内情况，休息区有监控大屏	1.体验课孩子喜欢、优惠力度大、当场付费 2.培训班有儿童玩具区，孩子每次都喜欢早去晚退 3.培训机构安排孩子公演
接触点	学校门口、学校附近的邻里中心、商场、超市、朋友圈、美团、大众点评	宣传单页、团票、朋友圈促销信息	培训机构老师、培训机构装修、培训机构服务	培训机构老师、培训机构装修、培训机构服务
情绪	观望	399元在邻里中心所有培训课程中任选三门	参加体验课	孩子们在商场里进行了新年表演
	被电话、微信骚扰	费用高 每家特色不一样，需要报多家机构	孩子爱玩，不愿意去培训班 有些机构让家长看大尺寸、课程质量怎样，家长一无所知 体验课不能激发孩子兴趣	孩子回家不练习，跟不上进度 班级人数多，不同年龄段的孩子接受度不一样 孩子在家不要练习，进度 搬家要退款
痛点	1.培训班太多，不知如何挑选 2.经常上班的时候被到推荐课程电话	1.距离最近的多家机构联合营销 2.加大活动力度，优惠吸引客户 3.免费体验课	1.提高体验课质量，促进转化 2.完成小任务，让孩子明有成就感 3.让家长在教室与孩子一起听课	1.小班教学 2.激励孩子学习，积分换玩具 3.商场表演、商场展示作品
机会点	1.线下地推更容易精准获客 2.通过朋友圈营销进行转化 3.切忌打扰用户，成为智囊团			

图 6-2　AI 生成用户体验旅程地图

181

7

AI+ 矩阵：三位一体持久变现法

AI引流变现8步法

- 1. AI+文案 0成本大数据变现法
- 2. AI+短视频 线上线下快速导流变现法
- 3. AI+投放 投1元赚68元变现法
- 4. AI+直播 真人与数字人混合变现法
- 5. AI+社群 裂变私域变现法
- 6. AI+IP 11件套持久变现法
- 7. AI+短阵 三位一体持久变现法
- 8. AI+管理 三板斧持久变现法

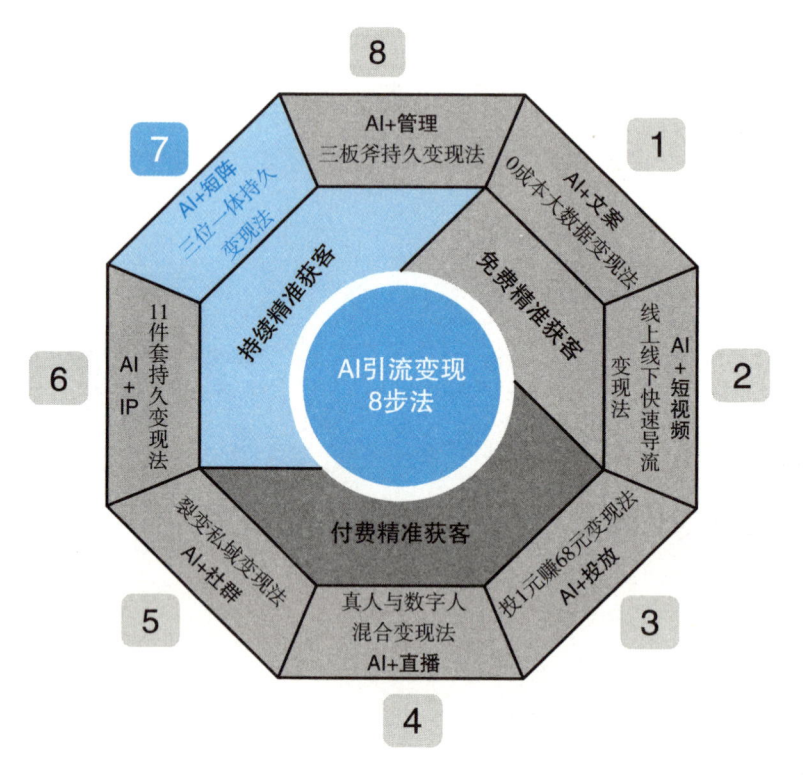

免费精准获客 / 付费精准获客 / 持续精准获客

AI+矩阵的应用和意义

现在,很多企业都在做新媒体矩阵,不过大家对它的理解并不相同。比如,有人认为,新媒体矩阵就是起个名字,认证一下蓝V,注册一堆账号。这种理解有没有道理呢?有一点。开始的时候,新媒体矩阵确实是这样做的。但如果现在还这样做,该矩阵就很难发挥出应有的作用。那么,我们应该怎样做新媒体矩阵呢?新东方为我们提供了一个很好的借鉴——三位一体AI矩阵(如图7-1所示)。

三位一体AI矩阵是典型的AI+矩阵,它的顶角是各级领导者。这里的领导者可以是店长或区域总负责人,还可以是老板本人。他们做账号的目的是什么呢?带货?招聘?都不是。相当一部分领导者在做账号的时候做错了。各级领导者做账号，一定不是做带货或是招聘的，而是为了做影响力。因为各级领导者个人做账号的影响力往往要大于企业蓝 V 账号。有了影响力，才能去做分销。像与我们团队合作带货的客户孙姐家螺蛳粉（现名灯泡厂孙姐老牌螺蛳粉）就是孙姐先把影响力做"爆"了之后才去招分销商的。

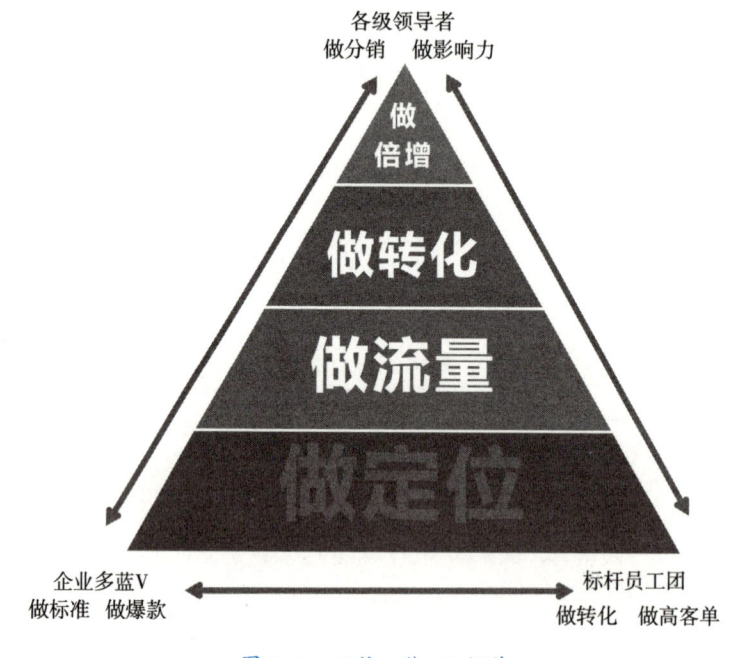

图 7-1　三位一体 AI 矩阵

该矩阵的左侧底角是关于企业账号的元素，具体表述为"企业多蓝 V"。在日常工作中，不少人把蓝 V 账号当成领导者账号一样做影响力去了，这是错误的。其实，蓝 V 账号真正的作用是建立行业标准。行业标准建立完了，才能做爆款，这样企业才能名利双收。

该矩阵的右侧底角是关于企业员工的元素，具体表述为"标杆员工团"，在矩阵中是做转化、做高客单的。在这里，有人可能会有疑问：员工矩阵真的是必备的吗？企业如果选择做员工矩阵，为什么要坚持做高客单呢？

就目前的经营实践来看，有的企业做了员工矩阵，有的企业没有做。这需要企业从自身实际出发来选择。有的企业管理者可能还不乏这样的顾虑：员工做新媒体账号，如果能做成的话，他为什么不自己做？如果做不成的话，我又凭什么相信他能把企业账号做好？这样的顾虑确实有一定的道理。新东方又是怎么避免自己陷入这种两难困境的呢？答案就是三位一体 AI 矩阵。在该矩阵体系内，员工矩阵并非是孤立的，可以与各级领导者、企业蓝 V 互通有无。三者账号既可以互相导流，又可以防范风险。这就从根本上避免了员工孤军奋战的困境，企业和员工也能实现双赢。这也是三位一体 AI 矩阵的重要意义所在。

标杆员工团一定是筛选出来的。我们团队服务的某火锅连锁品牌就是这么做的，而且该品牌选择标杆员工的流程是非常严谨的。他们在全国所有门店里进行海选，经过培训、比赛，该次比赛的优胜者进入下一轮……经过多轮筛选后，该品牌才选出了标杆员工团。

至于做高客单，答案就简单多了。其中最主要的原因就是高客单商品对人工服务依赖较强，而低客单商品不一定非要靠人工销售，我们完全可以通过图文或是数字人等实现。这也是技术发展带来的进步。毕竟，三位一体 AI 矩阵本身就是服务、品牌和技术深度融合的结果。

■■■■ 打造和发展矩阵生态圈需要做好账号

企业在打造和发展自己的矩阵生态圈的时候,应该怎么做账号呢?具体来说,需要做好以下四个方面的事情。

1. 矩阵生态圈需要什么样的账号

为了搞清楚矩阵生态圈需要什么样的账号,我以餐饮品牌汉堡王为例来进行说明。图7-2是汉堡王抖音账号某个时间的截图。

首先,看一下汉堡王的抖音账号背景图,上面写着"有我、有种、有趣"。这是汉堡王的头图,头图就是展示广告的地方。很显然,"有我、有种、有趣"就是汉堡王这个时间的广告。搭建账号一定不要浪费这块展示自我品牌的宝地。

其次,汉堡王头像是高清的,大家一眼就可以看到它的logo,知道这个账号与它相关。高清头像会给人留下更为深刻的印象。

第三,汉堡王账号进行了蓝V认证。在这里,我建议,大家最好在注册企业号之后,再进行蓝V认证。

第四,检测一下自己的赞粉比。所谓赞粉比就是拿账号获得的赞除以粉丝数。至于赞粉比是多少才合理,需要根据建立账号的企业所处的行业性质和环境来决定。图7-2展示的汉堡王抖音账号显然是一个直播号,它的获赞数要远远少于粉丝数,这充分说明吸引观众来直播间的是汉堡王这个品牌。

第五，账号要有简介。记住一定要写得简单。

第六，还要考虑如何展示、设置官方电话、粉丝群、抖店、商品卡流量、封面、语言风格、横竖屏、标题等。

以上六个方面就是搭建1.0版账号的具体指标。

图7-2 汉堡王抖音账号（截图）

1.0版的账号已经能满足打造矩阵生态圈的基本要求。有一些个性化的要求或想让矩阵生态圈有所发展时，我们就需要根据具体需求对账号进行升级。2.0版的账号要有"视觉锤"+"语言钉"+"音乐弹"+"裂变斧"（将在后文详细介绍），3.0版的账号要形成自己的标签。作为商家，要通过合理规划账号，吸引矩阵里的一些用户进来。用户是谁，最终决定了账号的标签是什么。

2. 矩阵账号如何选择主播并提升其魅力

（1）如何筛选矩阵需要的主播

当时，某知名公司进军乡村振兴，也就是说，选出来的主播每天主要面对农产品及需要农产品的人。主播是怎么被筛选出来的呢？我们可以用SWOT分析法来分析一下。SWOT具体是指，strengths（优势）、weaknesses（劣势）、opportunities（机会）、threats（威胁）。

第一步，把候选人的具体条件按照优势、劣势、机会和威胁进行归类。

结果，得出结论：该候选人的优势是比较博学，劣势是外形条件不突出。

第二步，放大优势，再转变劣势为优势。

比如，一个人外形朴实，要是去做农产品直播，就太合适了。为什么这样说呢？不同的人审美不同。做农产品直播，外形朴实的主播会让人产生一种亲近感，感觉他就是身边的你我。再加上这个人很博学、会表达，观众就更容易被他吸引。

主播选完了之后，真人主播和AI主播都可以经营账号，进而组成矩阵。这样一来，该公司就有一个很强的员工矩阵了。不过，无论是AI主播，还是真人主播，都是有一定层级的。目前，主播分为四个层级（如图7-3所示）。

7　AI+矩阵：三位一体持久变现法

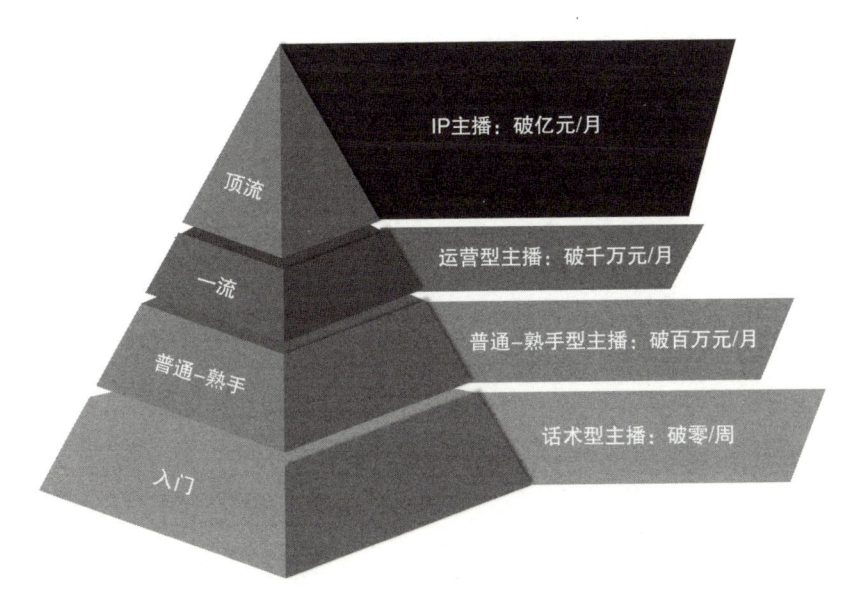

```
顶流       IP主播：破亿元/月
一流       运营型主播：破千万元/月
普通-熟手   普通-熟手型主播：破百万元/月
入门       话术型主播：破零/周
```

图 7-3　各层级主播

第一个层级的主播是入门型主播，又叫话术型主播。

他们的口头禅是"欢迎光临，欢迎点播，666，点个小关小注"等。此类主播要想达标，就需要做"7天之内破零"，即7天之内能够引流一个订单。如果没达到目标，就会被直接筛掉。

第二个层级的主播是普通-熟手型主播。

进入这个层级的主播就是熟练选手了，他们对话术、流量的把控都是到位的。此类主播需要做到月销额破百万元。

第三个层级的主播是运营型主播。

运营型主播是很珍贵的。通常情况下，运营扮演的是配合主播的角色。比如，主播需要运营做手势，提示停留时间足够，才能开启"欢迎光临"，调动自己的情绪，把整个直播间的停留给"拉"起来。运营需要发现流量，判断流量，指挥主播拿下流量。而运营型主播是完全可以替代运营的，主播自己就可以发现流量，判断流量，拿下流量。此类主播月销额是可以突破千万元的。

第四个层级的主播是顶流主播，也叫IP主播。

此类主播通常有人设、有信任、有专业内容，其月销额常会破亿元。

我们熟悉的好几位知名主播就是从入门级逐步成长为IP主播的。那么，IP主播是不是越多越好呢？企业要进行矩阵布局，该如何选择四个层级的主播呢？首先，IP主播是很难得的。其次，一家企业要进行矩阵布局，话术型主播占20%左右，普通-熟手型主播、运营型主播各占30%—45%，IP主播占5%左右，是一个比较健康的状态。

（2）如何提升矩阵主播的魅力

要提升矩阵主播的魅力，就需要在以下几个方面下功夫。

第一，选择适合主播的妆容。

化妆可以帮助一个主播有效提升他的魅力。

在抖音上，比较受欢迎的妆容主要有"纯欲"少女妆、亚裔混血妆、港风浓颜妆、通勤百搭妆等几种。

相关数据显示，从曝光到进入直播间，能带来最大流量的就是"纯欲"少女妆。无论是女性用户，还是男性用户，大多数都非常欣赏这个妆容。该妆视觉中心在脸部，比较注重腮红和唇妆。化此妆时可采用大面积腮红＋镜面唇釉，横向腮红减少面中留白，镜面唇釉营造饱满晶莹感。

如果觉得自己年龄偏大一点，不适合"纯欲"少女妆，主播可以选择亚裔混血妆。该妆视觉中心在眉毛根，比较注重眉毛和眼妆。化此妆时可采用自然毛流感眉型＋四边形眼型，强调野生眉，"狐系"眼妆打造高级混血感，低饱和唇釉不抢眼。

港风浓颜妆视觉中心在唇部，比较注重眼妆和唇妆。化此妆时可采用高挑眉型＋饱满红唇，高饱和红唇彰显饱满生动，眉峰上挑打造凌厉感。

百搭素颜妆视觉中心在唇部，比较注重眼妆和唇妆。化此妆时可采用同色妆容＋显气色口红。口红、腮红、眼影妆容颜色统一。鼻头打上腮红，减少面中留白。提气色口红，显白不挑肤色。

第二，调整各种直播参数。

主播要提升自身魅力，还需要学会调整各种直播参数。图7-4展示的就是常见的一些参数，涉及美颜、滤镜、清晰度等多个方面（可适用于大部分有美颜参数要求的软件）。主播可以根据自己的直播需要来进行选择，力求在直播时达到最佳状态。

▎美颜▎
磨皮：60—70　　　　　　瘦脸：一般用自然脸和女神 50—80
大眼：40—50　　　　　　瘦下颌骨：60 左右
清晰度：60 左右　　　　　窄脸：20—30
瘦鼻：30　　　　　　　　嘴型：10
小脸：30—50　　　　　　瘦颧骨：0—50
长鼻：15　　　　　　　　下巴：20
黑眼圈：30　　　　　　　法令纹：80—100

▎风格化参数▎
气色：妆容 40，滤镜 70　　白皙：妆容 40，滤镜 70

▎滤镜参数▎
常用：正常、白皙、超白、轻氧、柔和
数值：70—100
注意事项：各个数值根据自身脸型微调

▎直播设置清晰度（很重要）▎
蓝光 1080P

图 7-4　调整美颜、滤镜等参数

第三，进行镜子练习。

镜子练习是一种通过在前置摄像头或镜子面前找到自己最完美的表情和角度的练习。比如，我最完美的角度是斜角45度，最完美的表情是微笑。身为主播，需要通过镜子练习来找到自己最好的状态，这样才可以提升自己的魅力。

对于主播来讲，要展示自己最好的状态，关键是要自信。那么，自信从何而来呢？

只有对主播业务熟了，熟能生巧，才能自信。怎样展现自信呢？目光要坚定，嘴角要微扬。每天对着"镜子"训练5分钟即可。此外，每天的5分钟镜子练习还包括与粉丝互动的模拟练习、与运营配合的练习等。

第四，进行目光练习。

除了镜子练习之外，目光练习对主播来说也很重要。有些主播认为，眼睛应该看着镜头，这样屏幕另一端的用户才会有被注视的感觉。也有主播认为，眼睛应该看手机屏幕，才能看到直播画面和粉丝互动。其实，主播最应该做到的是目光要锐利、有神，要非常坚定。

目光练习的方式，可以是用眼睛去写自己的名字，每天训练在4分钟以内，动作要重复50次以上，速度要慢。这对主播在直播时引流获客、促单都非常有帮助。

第五，进行气息练习。

声音是主播"进攻"的武器。气息练习的方式主要有四种。

第一种是憋气。憋气可以让肺活量更大，这样声音及发声的整个状态可以持续保持。大多数人可以憋气1分钟左右。

第二种是喊麦。喊麦是对气息的一种刻意练习。经过喊麦练习之后，主播可以尽最大可能控制自己的声音。

第三种是"跳舞"。"跳舞"实际上是运动的代名词。这种练习就是要一边运动，一边进行声音练习，且运动时尽量保证气息稳定。

第四种是"闻花香"。具体练习方式就是闭上眼想象自己面前是块花田，假装去闻味道，然后吸气，吸到最深的丹田，气沉丹田，然后屏住气息 10 秒；吸气的同时将手掌置于两侧后肋，感受两肋扩张收缩的变化。此类练习可以扩大一个人的肺活量。每天练习 3 分钟即可。

第六，进行嗓子保护。

对于主播来说，最需要保护的，还是自己的嗓子。关于嗓子保护，主要可以按照以下方法去做。

第一，按虎口。录制视频和开播前后各按 1 分钟。

第二，用气泡音。气泡音即气流通过闭合的声带时，会在声带中间部分形成一个小的开口，导致声带边缘断续振动，从而产生一种低沉、颗粒状的声音，类似于冒泡的声音。它对于改善声音质量和纠正发声问题非常有益。

第三，多喝热水，也可以喝一些菊花茶、胖大海泡的水等。

第七，进行灯光设置。

灯光是很容易被忽视的。因为每个人的情况并不相同，所以他们需要的灯光也并不相同。比如，身高 1.72 米的主播和身高 1.52 米的主播需要的灯光就完全不同。对于后者而言，其身高并不占优势，给他打光的时候，我们就得把顶灯打得亮一些，让人显得高挑。

除了顶部打光，我们还常用到侧面打光、背面打光、前面打光等。侧面打光是为了凸显人的轮廓，让人显得特别有气质。背面打光除了更好地展现人的阴影，还能让人有更好的轮廓感。前面打光，则可以增加主播的亲和力。

当然，以上只是一些关于打光的常识。在具体操作中，打光还有具体操作，详见表7-1。

表7-1 打光具体操作

打光情况	具体操作	常用器材
侧面打光	侧面打光可以凸显出主播的脸部轮廓和特点，让视觉效果更加美观。左右两面大约45度的角度，可以根据主播脸部的轮廓和特点进行微调	唯卓仕SL-200W
背面打光	背面打光可以增强主播的形象，有利于背景的突出和人物的美化。背面大约30度的角度，可根据具体情况进行微调	纽尔环形灯
顶部打光	顶部打光可以增加主播脸部的明亮度，突出主播的头部特点，有利于增强主播的视觉冲击力。顶部向下的角度大约35度	LED视频灯
前面打光	前面打光可以营造出温馨和浪漫的氛围，有利于增加主播的亲和力。前面45度或更小的角度，根据具体情况进行微调	纽尔环形灯

第八，制作个性化的直播贴片。

直播的过程中加入贴片，可以帮助主播向观众更有效地传达关键信息，提升观众对直播内容的感知度和参与度，降低主播反复口播的成本。更妙的是，直播贴片可以实时修改，以符合直播进程的需要。主播可以制作个性化的直播贴片来提升自身的魅力。至于制作直播贴片的工具，可以选择醒图App和直播加加App。

第九，适当使用流量道具。

除了直播贴片，一些道具也是可以提升流量的，比如法国香水、波尔多红酒等。主播想要提升自身的魅力，可以从抖音商城选择一些销量好的高客单商品（模型），放在直播间。当人们刷到这个直播间的时候，有人就会因为对这些道具感兴趣而停留。

3. 矩阵账号如何"装修"

要做好矩阵账号，"装修"是必不可少的。那么，我们应该从哪些方面入手呢？

（1）标题

账号前期的标题要遵循"有人设，容易记"的原则，直观清晰，最好能带一些行业搜索词，比如"××说车"就很容易记住。然后，标题中最好包括一些直观清晰的叠词，比如"皮皮"之类。后期账号火了之后，标题就要走品牌或者 IP 路线了，至于风格，雅俗皆可。但作为企业账号，最好一开始就把自己的品牌名放在最前面。比如，汉堡王旗下一家位于沈阳市的分店，其账号的标题最好就是"汉堡王沈阳××区店"。

至于标题的写法，可以有多种选择，可以是权威式的、数字式的、情感式的、悬疑式的……当然，我们也可以找 AI 帮忙。

（2）头像

无论是个人账号，还是企业账号，在设计头像时都要遵循六字真诀，即"超高清，像精英"。需要注意的是，当企业账号进行了蓝 V 认证，其账号头像中最好要出现企业 logo。

（3）头图

头图就是做广告用的，要体现出我们是谁，能给用户带来什么。我们还可以选择把头图做得和粉丝有共鸣、有互动，这样也可以持续塑造人设。

（4）封面

封面图的作用是宣传自己的品牌，实现转粉和复播。抖音和剪映都有相关功能来保证我们发出来的视频封面风格是一致的。封面的标题可以选择疑问句或是有探秘性的句子。至于封面上文字的字体，可以选择刺绣中文字体。

（5）横屏和竖屏

直播时，主播选择用横屏，还是竖屏，需要从实际出发。

横屏的优势主要体现在三个方面：第一，横屏可以帮助主播规避面部的一些不足。比如，主播面部有一个小小的青色胎记。如果用竖屏，胎记就会被放大，可能会把观众的注意力带偏；如果用横屏，胎记就不会那么明显，对观众注意力的影响就大大降低了。第二，横屏可以展示更宽的空间。比如，你的直播场地是两家紧挨着的门店，用横屏一下子就可以把它们收入镜头，竖屏做不到这一点，也很难拍出门店内人山人海的情形。第三，横屏可以放一些比较长的文案，吸引人的注意。

竖屏比较适合颜值较高的人使用。此外，竖屏会带来一种沉浸感，可以把门店的商品更好地展示出来。当然，横竖屏并不是影响颜值表现的唯一因素，我们完全可以借助其他方法来辅助这方面的呈现效果。

（6）"语言钉"+"视觉锤"

"语言钉"是指能将品牌的定位、品质和品性深刻地印在顾客的心智空间的语言。这些语言都是经过精心设计的，可以是品牌定位、品牌口号、广告语等。"视觉锤"是指品牌形象的视觉力量，是品牌形象的代表，旨在塑造品牌形象并提高品牌识别度。"视觉锤"可以是商标、色彩、产品外观设计、创始人形象等。

"语言钉""视觉锤"的作用就是给用户以深刻的品牌记忆，引起联想、转粉、裂变。

（7）BGM

选择适合自身风格的 BGM 会让账号增色不少，并为账号带来一定的流量。比如，旅行打卡类的账号可以播放《旅行的意义》《这一生关于你的风景》《夏至未至》等歌曲；记录生活型的账号可以播放《万有引力》《小手拉大手》《现在就出发》等歌曲。需要特别注意的是，账号要选择歌曲做 BGM，需要取得版权方的授权或转授权。

4. 矩阵账号如何发布内容

矩阵账号应该如何发布内容呢？

首先，大家要明确，我们做内容，一定是为了目标用户。就像真功夫要做减肥餐，目标用户是那些不喜欢运动又想减肥的 35—50 岁的消费者。真功夫要在账号上为减肥餐造势或举办相关的活动，就要围绕这个用户群体进行内容创作。也就是说，品牌的定位规划决定账号发布的内容。

其次，532爆款模型是矩阵账号发布内容的重要准则。所谓532爆款模型，即50%的内容、30%的内容、20%的内容分别应该如何优化。具体到真功夫减肥餐，我把它做成了一个模型来进行说明（如图7-5）。

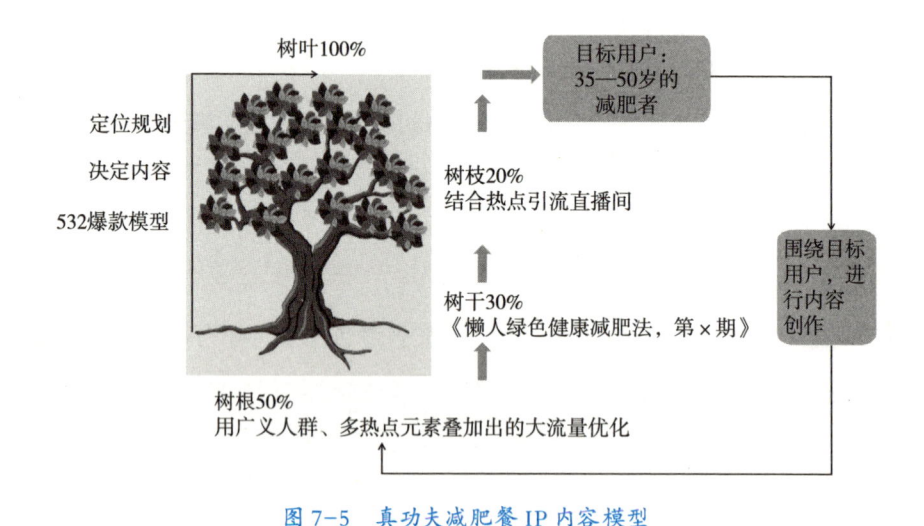

图7-5 真功夫减肥餐IP内容模型

在这个模型中，50%的内容位于树根，承担了最初的引流工作。我们可以用广义人群、多热点元素叠加的大流量主题去优化它。比如，可以请品牌代言人（通常是明星）分享自己为了保持身材平时经常吃什么。这样的内容会吸引一些平时关注明星、关注热点、有八卦之心的人。

30%的内容位于树干，承担了聚焦目标用户的工作。比如，如果每天发布10条内容，应该有3条是《懒人绿色健康减肥法，第×期》，这样希望实现懒人减肥的人就被精准聚焦了。我们已经找到了精准的目标用户，但他们在只接触一两期内容的时候可能也会持观望态度。不要紧，我们会将《懒人绿色健康减肥法》持续做下去，8期、10期、15期……一定要最大限度地抓取目标用户。在这个过程中，我们也可以植入品牌想要推广的一些商品。在这个模型中，就是真功夫的减肥餐。

其余20%的内容则位于树枝，承担了引流到直播间的工作。在直播开始前，我们可以再发一条结合热点的内容，也可以请品牌代言人来直播间分享减肥日常。

该模型完全可以用于其他企业的矩阵账号内容发布。我们在实施的过程中，还可以再去做一些针对自己产品特点的优化。

利用AI技术在矩阵内推广技术和服务

AI应用于矩阵，能够有效地推广技术和服务。在这方面，达美乐、星巴克、麦当劳、赛百味等知名企业都已经有了成功经验。那么，它们是如何做的呢？下面我们一起来看一下。

1. AI+ 供应链管理

有的企业利用自然语言处理、机器学习（Machine Learning，简称 ML）、计算机视觉等 AI 技术，来提高运营效率和顾客体验。墨式烧烤就是通过机器学习技术优化矩阵中的供应链管理和菜品预测，提高供应效率和满足顾客需求的。

2. AI+ 客户服务

有的企业会用 AI 技术去优化矩阵中的客户服务。比如，部署 ChatGPT 等自然语言处理模型来提供智能客户服务，通过自动回答常见问题、帮助顾客下单、提供菜品推荐等，来减轻人力压力并提高客户满意度。在这方面，达美乐是其中的佼佼者。它利用 ChatGPT 和聊天机器人来提供在线订购和客户服务。当客户问一些诸如"你怎么还没到啊？""你到哪儿了？""披萨怎么拆包啊？"的问题，回答者如果是真人，有时可能会因情绪不佳而服务不到位；如果是机器人，则不会有这种担忧。

3. AI+ 个性化服务

有的企业选择使用数字人等技术生成了虚拟代言人，让其在矩阵中与顾客进行实时互动，介绍菜品、提供优惠信息，以增强品牌形象和与顾客的互动体验。星巴克推出了由数字人技术带领的 AR 虚拟导购员，为顾客提供个性化咖啡建议、处理订单和提供咖啡相关指导，从而有效地提升了顾客体验。

4. AI+ 订单处理自动化

有的企业引入自动化订单处理系统，通过 AI 技术实现订单接收、处理和派送的自动化，这极大地提升了企业的效率，降低了矩阵的人力成本。麦当劳就是通过引入自动化订单处理系统，来提高订单的处理速度、准确性和客户满意度的。

5. AI+ 智能推送和管理

有的企业利用 AI 算法分析顾客的消费习惯和历史购买数据，并利用品牌矩阵向他们进行个性化的优惠券、促销活动和新品推荐精准推送，大大提升了销售转化率。肯德基就是其中的佼佼者。

6. AI+ 智能点餐系统

企业引入智能点餐系统后，顾客可通过手机或自助终端自主下单和支付。这样一来，不仅减少了顾客排队等待，提升了服务效率，还可以通过数据分析优化矩阵中的菜品推荐和顾客个性化营销。麦当劳就是通过自助点餐系统和移动应用来为顾客提供快捷、便利的订餐体验的。有了它们的加持，顾客可以在麦当劳自主选择菜品，自主支付。这样一来，顾客不仅拥有了更大的选择度，还节省了时间。

7. AI+ 菜品创新和优化

有的企业利用机器学习等 AI 算法和消费者反馈数据，对菜品配方、口味、营养价值等进行优化和创新，提供满足顾客需求和市场潮流的菜品（顾客可以从企业的矩阵推送中看到这些信息），从而成功增加了销售额和顾客回头率。比如，赛百味就通过数据分析和机器学习技术了解顾客偏好，并根据顾客需求创新和优化菜品，推出了多种新口味和营养均衡的选择。

8. AI+ 精细化管理

有的企业利用 AI 和数据分析，对顾客进行精细化分析和分类，通过矩阵将个性化的优惠券、定制化的促销信息等推送给顾客，来增加顾客的复购率和忠诚度。这就是精细化营销。星巴克就是这样做的。它通过个性化营销和推送定制化优惠券，根据顾客的喜好和购买历史提供特定产品的推荐，为顾客营造了独特的购买体验，极大地提高了顾客的忠诚度。

9. AI+ 自动财务管理

有的企业采用自动财务管理系统，通过 AI 技术自动记录、分类和分析财务数据，极大地提高了财务操作的准确性和效率，简化了财务流程，并降低了出错风险。肯德基就是通过采用自动财务管理系统来提高财务操作的准确性和效率、降低错误和延迟风险的。

利用AI技术在矩阵中推广不同品牌

如何在矩阵中推广不同品牌呢？我们可以借鉴一下某平台为老舍茶馆、味千拉面、比比客炸鸡制作的推广策略（见表7-2）。

由表7-2，我们可以得出结论：要在矩阵中推广不同品牌，需要做好三个方面的工作。首先，确定目标受众，选择与目标受众匹配的矩阵。其次，确定品牌形象和定位。最后，结合品牌形象和新IP制定推广策略。在推广策略中接入AI应用，将极大提升推广效率。比如，使用一般性AI技术是为了更快，使用数字人是为了更好地与用户互动，使用ChatGPT是为了进行更精准的投放和提供更好的服务。有了AI技术的加入，矩阵生态圈将变得更加智能，在推广不同品牌时将表现得更加出色。

表 7-2 在矩阵中推广不同品牌

品牌	目标受众	品牌形象和定位	推广策略建议	一般性AI技术应用建议	数字人应用建议	ChatGPT应用建议
老舍茶馆	清新时尚的年轻消费者	提供传统、优质的茶文化体验	1. 设计具有中国传统元素的时尚店面装修和包装 2. 推出独特、高品质的茶饮产品，强调茶文化的传统和品位	利用AI技术分析消费者对茶文化和茶饮的需求，提供个性化推荐和定制化服务	引入数字人作为茶馆导游或服务员，与消费者进行实时互动，提供茶文化的传播和解说服务	在线聊天机器人提供茶品知识、茶文化传统介绍及订单咨询等服务
味千拉面	拉面爱好者	提供正宗、美味的拉面	推出多种口味和配料选择，以满足不同消费者的需求和口味偏好	使用机器学习和算法分析消费者对不同口味和配料的偏好，为消费者提供个性化的推荐和菜单定制服务	生成数字代言人，通过虚拟形象传达品牌的餐饮文化和美味拉面的特色	在网站和应用中设置聊天机器人，提供有关拉面口味、订单预订等信息
比比客炸鸡	年轻人和喜欢炸鸡的消费者	提供美味、多样化的韩国炸鸡	1. 设计时尚、有趣的店面装修和包装，吸引年轻人的注意 2. 推出多种口味的韩国炸鸡产品，满足不同消费者的喜好和口味需求	利用大数据和分析技术了解消费者的喜好和购买行为，并根据数据进行个性化的营销推广	利用数字人技术生成虚拟主播或代言人，通过直播、短视频等形式吸引年轻人的关注和参与	提供ChatGPT驱动的智能点餐系统，通过个性化推荐和互动体验吸引年轻人，进而保持他们对品牌的兴趣和忠诚度

206

利用AI技术实现矩阵中数据和智能化运用的最大化

企业如何在矩阵中实现数据和智能化运用的最大化？这其中少不了 AI 的参与。那么，AI 技术是如何发挥作用的呢？常见的有以下几种方式。

1. 一般性 AI 技术的应用

在矩阵中利用数据和智能化时，一般性 AI 技术主要在三个方面发挥作用。

（1）智能点餐

有的企业会通过智能点餐系统收集顾客订单和偏好数据，然后使用机器学习算法等 AI 技术分析和预测顾客喜好和消费趋势，进而为顾客提供个性化的菜单推荐和优惠活动。典型企业有麦当劳等。

（2）社交媒体监控

有的企业会通过社交媒体来收集顾客反馈和互动数据，然后使用自然语言处理等 AI 技术分析顾客评论和反馈，进而实现快速回应和解决问题，提高顾客满意度。典型企业如星巴克等。

（3）外卖数据分析

有的企业会通过外卖数据分析来收集订单数据和顾客行为，然后基于数据模型预测需求高峰，提供配送优化建议，进而为顾客提供准时配送服务和精准的推广活动。典型企业如美团等。

2. 数字人的应用

在矩阵中利用数据和智能化时，数字人通常通过三类形态来发挥作用。

（1）服务员机器人

有的企业会通过服务员机器人来收集顾客需求和订单信息，处理自然语言交互，提供个性化服务，接收订单，送达餐品，提供菜单咨询和建议。典型企业如海底捞等。

（2）虚拟主播或代言人

有的企业会通过虚拟主播或代言人来收集顾客关注和参与的数据，通过互动形式吸引顾客关注和增加品牌曝光，传播品牌信息，推广特色菜品和促销活动。典型企业如肯德基等。

（3）聊天机器人

有的企业会通过聊天机器人收集顾客咨询和问题数据，使用机器学习算法提供即时的自动回答和解决方案，提供7×24小时的在线服务，解答疑问和提供定制化推荐。典型企业如达美乐等。

3.ChatGPT 的应用

在矩阵中利用数据和智能化时，ChatGPT 主要在两个方面发挥作用。

（1）在线聊天

有的企业通过 ChatGPT 收集在线聊天记录和顾客互动数据，通过对话生成技术识别顾客意图和推荐解决方案，为顾客提供智能客服，并处理大量重复性问题和咨询。典型企业如麦当劳等。

（2）顾客回访

有的企业通过 ChatGPT 收集顾客回访和评论数据，分析顾客体验和满意度，发现改进和优化的机会，从而进行声誉管理，回应顾客反馈和提供个性化服务。典型企业如 Yelp（美国点评网站）等。

当然，以上提到的 AI 技术并非这类技术的全部。企业可以根据自身情况选择适合自己矩阵的 AI 技术。

■ ■ ■ ■ 利用AI技术高效打造矩阵生态圈

企业要想利用 AI 技术高效打造矩阵生态圈，就需要在以下几个方面发力。

1. 数据分析与预测

在数据分析与预测方面，企业需要做好收集顾客数据、分析顾客消费习惯、预测顾客需求和购买趋势的工作。这样一来，企业就能了解顾客需求，调整菜单和促销策略，提前进行备货了。

星巴克的移动支付，主要用了数据分析和预测技术来围绕顾客的需求、反馈做文章。只有分析了顾客的消费习惯之后，星巴克的矩阵生态圈才能有与顾客更好的互动。这为星巴克提供了更好的算法。而星巴克得到合适的顾客模型之后，才能链接上精准推送。

2. 供应链管理

在供应链管理方面，企业需要做好与供应商建立合作关系、优化供应链流程、使用数字人进行自动化管理的工作。这样，一方面可以确保供应稳定；另一方面还可以降低成本，减少人工错误。

麦当劳在这方面做得比较好。它使用数字人进行自动化管理，使得自身的品牌矩阵可以稳定地减少人工错误。另外，它还结合物联网技术进行供应链管理，极大地提高了供应链的效率。

3.菜品研发与创新

在菜品研发与创新方面，企业需要分析市场趋势，以便不断更新菜单；需要探索特色菜品，以便吸引新顾客；需要运用 ChatGPT 进行创意激发，以便为顾客提供独特体验。

肯德基在菜品研发与创新方面投入了很多。它不断地分析市场趋势，且以顾客需求为准绳，不断推出新产品，合作潮流品牌，根据地域特色调整菜单。这就为肯德基的矩阵生态圈提供了不断创新迭代的素材，为个性化推荐不断增砖添瓦。顾客可以通过肯德基的矩阵生态圈了解其菜品的稳定输出与创新，并根据自己的需求和偏好来选择菜品。

4.品质与卫生管理

在品质与卫生管理方面，企业需要培训员工，以便提供优质服务；需要设置标准化流程，以便确保食品安全；需要利用 AI 技术进行卫生管理，以提高顾客口碑。

墨式烧烤就是其中的佼佼者。对于餐饮企业来说，品质与卫生管理就是高压线（实际上，品质管理是任何一家企业的高压线）。没有这类管理的保驾护航，企业的矩阵生态圈就失去了存在的意义。墨式烧烤在食品安全管理方面采用了追溯系统和供应链透明化的策略，不仅提高了顾客对自身品牌和卫生的信任度，还为自身品牌的矩阵生态圈搭建奠定了坚实的基础。

5. 积分与会员管理

在积分与会员管理方面，企业需要设立会员积分计划，以便增加顾客忠诚度；需要运用ChatGPT给顾客进行个性化推荐，以便提高顾客消费频次，促进品牌口碑传播。

达美乐等企业通过忠诚会员计划和个性化推荐，已经高效搭建了自身品牌的矩阵生态圈，具体来说，就是由矩阵结合AI实现单点突破之后，再在生态圈层面实现了降本增效。

6. 营销与推广

在营销与推广方面，企业需要运用数字人进行自动化营销，以便扩大品牌影响力；需要分析广告效果，以便提高销售额；需要运用ChatGPT进行内容创作，以便引导顾客到店消费。

昔客堡就是通过线上订单优惠、运用AI技术搭建媒体矩阵等方式进行营销推广，吸引了大量顾客，才成为知名品牌的。

8

AI+ 管理：三板斧持久变现法

AI引流变现8步法

免费精准获客
- **1** AI+文案 — 0成本大数据变现法
- **2** AI+短视频 — 线上线下快速导流变现法

付费精准获客
- **3** AI+投放 — 投1元赚68元变现法
- **4** AI+直播 — 真人与数字人混合变现法
- **5** AI+社群 — 裂变私域变现法

持续精准获客
- **6** AI+IP — 11件套持久变现法
- **7** AI+短阵 — 三位一体持久变现法
- **8** AI+管理 — 三板斧持久变现法

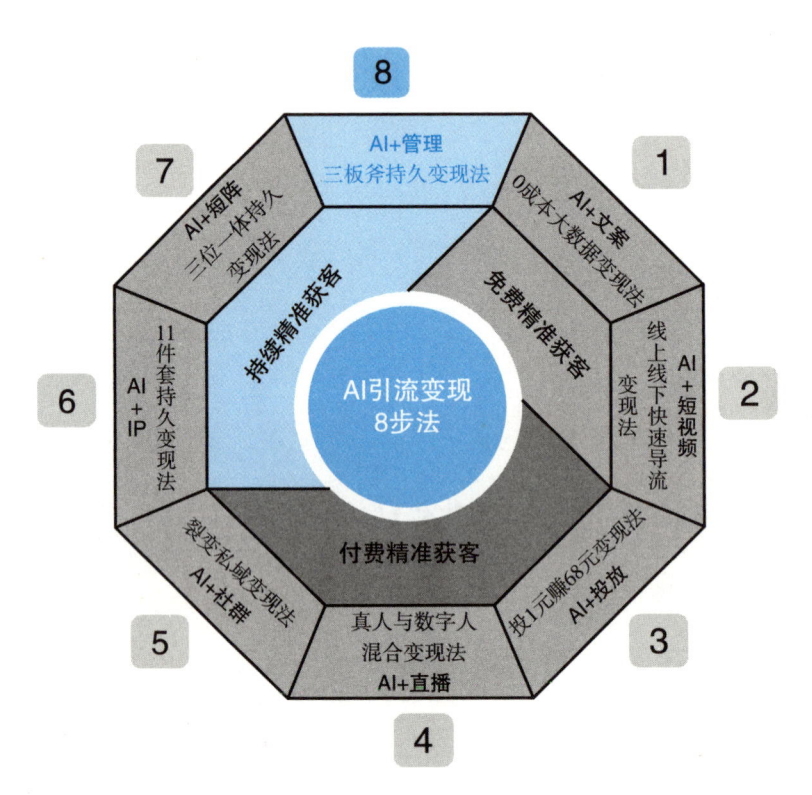

AI在管理中崭露头角

说到管理，很多人都会将"阿里管理三板斧"奉为圭臬。我在阿里工作时就曾近距离感受其魅力。需要注意的是，"阿里管理三板斧"并非真的只有"三板斧"，而是"九板斧"（如图8-1所示），分为基层、中层、高层三个版本：基层"三板斧"是招开人、建团队、拿结果；中层"三板斧"是懂策略、搭班子、做导演；高层"三板斧"是定战略、造土壤、断事用人。

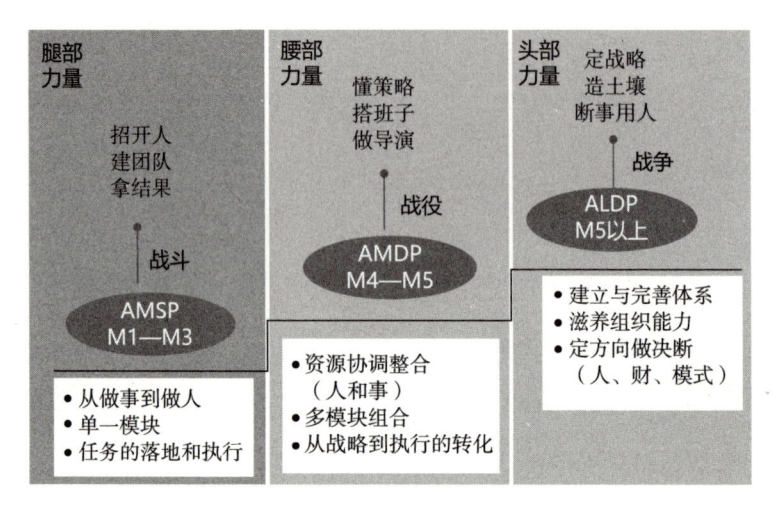

```
腿部          腰部          头部  定战略
力量          力量          力量  造土壤
                                 断事用人
招开人        懂策略
建团队        搭班子         战争
拿结果        做导演
                            ALDP
              战役          M5以上
  战斗
              AMDP        • 建立与完善体系
  AMSP        M4—M5       • 滋养组织能力
  M1—M3                   • 定方向做决断
                            （人、财、模式）
• 从做事到做人  • 资源协调整合
• 单一模块       （人和事）
• 任务的落地和执行 • 多模块组合
                • 从战略到执行的转化
```

注：① AMSP，全称 Alibaba Management Skill Program，即阿里管理技能培训计划。AMDP，全称 Alibaba Management Development Program，即阿里管理能力培训计划。ALDP，全称 Alibaba Leader Development Program，即阿里领导力发展计划。

②在阿里的职级体系里，M1—M3 为基层管理者，M4—M5 为中层管理者，M5 以上为高层管理者。

图 8-1　阿里管理九板斧

按照认知逻辑，我们已经知道"阿里管理九板斧"是什么了，下一步就要弄明白这"九板斧"为什么会有这么大的魅力。经过多年研究并结合自己在阿里担任"政委"的经历，我发现："九板斧"的真正精髓主要集中在提效能、促人才、推文化三个方面。我将其命名为"武政委三板斧"。

具体说来，提效能就是要赋能管理者更加有效地实现组织与业务的目标，确保竞争对手动态与客户声音在组织内部流转更加顺畅；关注当前的管理与决策机制，确保核心业务决策与流程更加简单高效；关注员工工作状态，激发员工潜能，让组织更加灵动。

促人才就是要赋能管理者一起梳理团队的人才结构；为组织当下与未来积极引进人才；通过选、用、育、留、汰及各种大小"战役"，调整排兵布阵，搭建出丰富的人才梯队，从而建立起支撑业务战略实现与企业文化传承的人才基础。

至于推文化，则需要做好三件事：首先，自己要相信，通过自己的言行举止，体现对文化的坚守。其次，影响他人，相信他人，通过各种方法让团队每个人清楚组织要什么、不要什么。最后，赋能管理者，和管理者一起打造文化，营造出企业独有的能量场。

一家公司如果能做好这三个方面的工作，就可以更好地实现有效管理。既然如此，公司应该如何展开行动呢？这其中少不了 AI 技术的参与。目前，相当一部分企业已经将 AI 技术应用到自身的管理中去了。

星巴克：AI+ 饮品推荐。

具体做法是利用 AI 算法分析顾客的历史点餐数据，根据顾客的口味偏好推荐适合的饮品。

必胜客：AI+ 营销推广。

具体做法是通过自然语言处理和机器学习，智能分析顾客的评论和评分，生成优惠券和优惠活动，提高顾客留存和转化率。

麦当劳：AI+ 库存管理；AI+ 智能设备联动。

AI 在加持库存管理方面的具体做法是利用机器学习算法预测需求，优化库存管理，减少过期和浪费；在加持智能设备联动方面的具体做法是通过与智能餐桌、智能支付终端等设备的联动，实现餐厅智能化运营和顾客体验的提升。

汉堡王：AI+ 供应链优化。

具体做法是利用 AI 算法（目前主要利用语音识别技术）分析供应链数据，预测订单量和供应需求，提前调整供应链策略，降低成本和提高效率。

肯德基：AI+ 餐厅安全监控。

具体做法是利用计算机视觉技术和 AI 算法，实时监控餐厅内部和周边区域，识别异常行为和安全风险。

7-11：AI+ 顾客服务。

具体做法是利用自然语言处理和语音识别技术，开发智能客服系统，为顾客提供自动化的问答和点餐服务。

…………

提高效率、提高营收是管理的本质。如果出现事故，一切就会归零。AI 技术的应用可以帮助企业有效地降低管理中的风险，实现单点、多点甚至整体上的突破，进一步促进企业的可持续发展。

企业智能化管理离不开AI技术

1. 企业实现智能化管理的三个层面

一家企业如果想要全方位提升自身管理水平，光靠单点突破是很难实现的。而智能化管理为企业管理能力的成长提供了可行性。企业如何实现智能化管理呢？服务众多企业之后，我将其总结为三个层面。

（1）基础层：基于AI智能内部管理场景，打造深度一体化信息共享平台

直到现在，竟然还有一些企业不允许员工使用AI，这太让人不可思议了。遗憾的是，我在服务深圳的一家企业的时候就遇到了这个问题。我问企业的管理层为什么不让员工用AI。管理层回答，怕员工在工作期间会"摸鱼"，就让公司的技术总监设置了一下网络。我很奇怪："你们怎么知道员工会'摸鱼'呢？"管理层回答："原来一周的工作量，现在用AI三四个小时就做完了，剩下的时间干什么我不知道，我还何谈管理？"我又问："员工回家难道不用AI吗？"一句话让管理层陷入了思考。

有鉴于此，我建议该企业的管理层，既然AI能切切实实提高工作效率，干脆大家一起用，并注意信息的共享，但是公司要重新定制

KPI、OKR①及大家要努力的目标。员工干得好，就加薪。这样一来，既能提高全体员工的积极性，又能防止一些员工"摸鱼"。

（2）核心层：基于AI商业场景，打造对外业务数据智能管理平台

在这个层面，瑞幸咖啡、麦当劳等都做得很出色。如前文提到的瑞幸智能社群系统就属于此类智能管理平台。

（3）深化层：基于AI的智能数据分析，打造企业战略场景的数据平台

基于AI的智能数据分析，打造企业战略场景的数据平台，对于要实现智能化管理的企业来说，已经是非常高的境界了。这是一个跨时代的做法。幸运的是，瑞幸咖啡等企业已经在向这个方向努力了。

综上，我们不难看出，即便有AI技术的加持，企业智能化管理的实现也是一个循序渐进的过程。因此，企业需要从自身出发，结合自身实际，不要盲目地直奔最高境界而去，至少要先实现基础层信息共享平台的打造。不然，提高的效率和落后的管理之间会形成极为尖锐的矛盾，还谈何管理？

2. 将AI技术应用于公司智能化管理

目前，有些企业在智能化管理层面已经实现了AI应用"三元一体"（头部企业的智能化管理实践如图8-2所示）。所谓"三元一体"，即数字人、机器人、仿生人实现融合。

---

① OKR，全称Objectives and Key Results，即目标与关键成果。

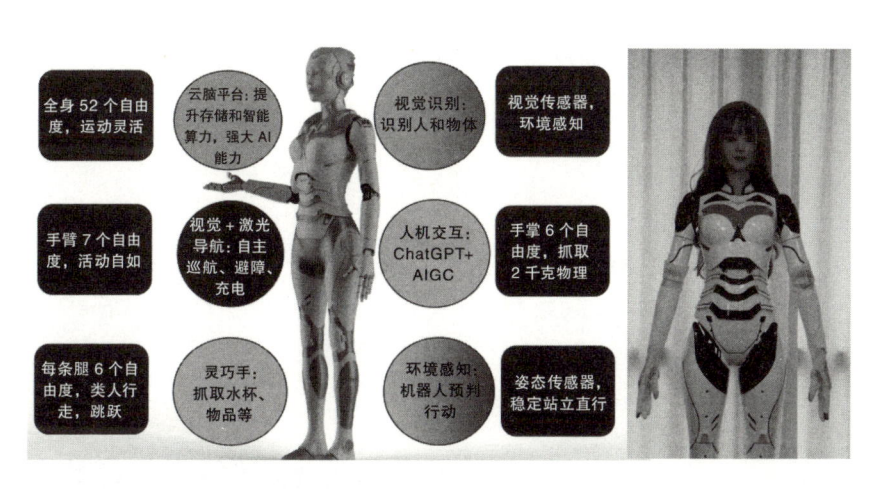

图 8-2 头部企业智能化管理实践

提到数字人，大家并不陌生。无论是在短视频，还是在直播中，数字人的使用都比较常见。而且，数字人的制作成本并不高。制作一个外形与自己相似的数字仿生人，只要几千元。如果想制作一个在声音等各方面都与自己相似的数字仿生人，则需要花费几十万元。要是给数字仿生人再配上一套五六万元的外接设备，他就成了一个机器人。

不少卖刀削面的餐厅喜欢用机器人来做刀削面。在深圳、广州、上海等地，有些餐饮企业用机器人来接待客人、导航送餐、监控就餐环境安全等。

餐饮企业使用的主要是服务型机器人，制造企业使用的主要是工业机器人。无论是服务型机器人，还是工业机器人，多为机械手或机械装置。要想让一个机器人达到仿生人的程度（即成为人形机器人），至少要花费七八十万元。

要让数字人、机器人、仿生人实现融合，其成本之高不言而喻。特斯拉创始人马斯克等企业家正在研究如何把该项技术的成本降到最低。毕竟，管理的本质就是降本增效。中小企业在这方面要谨慎，需要认真核算成本。

利用AI技术提升管理效率

AI应用于管理，可以有效地提升管理效率。

1. 提升人力资源管理效率

在人力资源管理方面，我们可以通过使用ChatGPT等大语言模型，来提升管理效率。比如，我们可以给ChatGPT下达指令："请帮我写一下组织架构。""我们企业要招××人。""请问他的岗位职责是什么？""帮我写一个招聘启事。"这几个指令提出来之后，ChatGPT不到1分钟就可以给出答案。我们如果对答案不满意，还可以再让它修改。这样一来，一名HR过去一天的工作量，现在可能3分钟就可以完成了。

2. 提升财务管理效率

财务管理是企业管理的重头戏。过去，要想做好一张完整且拥有准确结果的财务报表，时间都是以天来计算的。有了 AI 的参与，这个工作甚至可能在几分钟内完成。此外，AI 在做预算方面非常便捷有效。

此前，财务人员拿出预算的初步方案后，总是很难控制进度和预算金额。因为在逐级审批过程中，预算方案常会被修改，以至于财务人员很难弄清某些问题。比如，某个项目为什么要花那么多钱呢？项目启动要花多少钱？多少时间？进度如何？需求分析怎么样？技术开发怎么样？集成怎么样？评估怎么样？预算怎么样？收入怎么样？……这样一来，预算被一拖再拖，很难在短时间内得出结论。

收入预测、成本预测、利润预测等，财务团队和 AI 要一起合作，一起服务，才能算出来真正对企业有所帮助的收入预测（表 8-1 即是一家企业利用 AI 进行预算的情形）。我们可以用 AI 去预测引流项目的销售收入，负责人就是财务团队 +AI。成本预测包括开发成本、部署成本，负责人就是财务团队 +AI。利润预测也是根据收入的预测和成本的预测，算出净利润，负责人也应该是财务团队 +AI……这样计算出来的结果比较科学、公允，有利于企业的可持续发展。

表 8-1　利用 AI 进行预算

预测项目	描述	开始日期	结束日期	负责人
收入预测	预测引流项目的销售收入	2022/7/10	2022/8/12	财务团队 +AI

（续表）

预测项目	描述	开始日期	结束日期	负责人
成本预测	预测引流项目的成本，包括开发成本、部署成本等	2022/7/10	2022/8/12	财务团队+AI
利润预测	根据收入预测和成本预测，预测项目的净利润	2022/7/10	2022/8/12	财务团队+AI

3. 提升项目管理效率

现在，很多企业在通过项目管理的方式去获客。表8-2即是肯德基一个项目管理例子。肯德基通过"引流到门店"这个项目，要求使用ChatGPT、数字人，以及机器学习和大数据分析的AI应用，来预测和识别潜在顾客，进行精准推送，进而提升项目管理效率。

现在，通过精准推送引流已经成为企业降本增效的重要动作。不过，这只是完成了第一步。要想留住用户，企业还需要在提供给用户的商品（或项目）上下功夫。表8-3即是某企业对某项目实施过程的管理。

在这个项目里，ChatGPT的应用相当于构建了一个智能客服系统，通过ChatGPT与顾客进行沟通，可以减少人力的使用，实现降本。数字人可以进行获客、复购、咨询和服务，这也是一种降本增效行为。

表 8-2　肯德基 AI 管理应用

项目名称	项目描述	其他AI应用	ChatGPT应用	数字人应用	知名餐饮公司	开始日期	结束日期	进度
引流到门店	通过项目管理实现顾客引流到门店	使用机器学习和大数据分析来预测和识别潜在顾客，并进行精准的推广活动	创建一个基于ChatGPT的智能客服系统，与顾客进行在线沟通，并提供个性化推荐	开发一个数字人系统，通过虚拟形象为顾客提供咨询和服务	肯德基	2022/7/10	2023/8/10	25%

表 8-3　项目流程实施

流程事项	描述	开始日期	结束日期	负责人	进度
项目启动	定义项目目标、范围和关键要素	2022/7/10	2023/7/11	项目经理	100%
需求分析	确定其他 AI 应用、ChatGPT 应用和数字人应用的具体需求	2022/7/12	2023/7/14	产品团队	75%
技术开发	开发并测试其他 AI 应用、ChatGPT 应用和数字人应用	2022/7/15	2023/8/5	开发团队	50%
集成与测试	集成不同应用，进行系统测试和质量保证	2022/8/6	2023/8/8	测试团队	25%
实施与上线	将应用部署到门店，并进行上线运营	2022/8/9	2023/8/10	运营团队	0%
项目评估	评估项目效果和运营情况	2022/8/11	2023/8/12	项目经理	0%

■ ■ ■ ■ 利用AI技术推进项目

我们公司新媒体团队的同事经常会听到我这样要求:"我需要你在1分钟内完成这个1分钟的视频!"1分钟内完成1分钟的视频?是我在异想天开吗?还真的不是。之前,新媒体团队的编导可能要用1小时去做这个视频,而且还不能保证获客率。现在,有了AI的帮忙,只要我精准地提出诉求,AI就会精准地生成文案,然后将其与数字人或我们的主播结合生成视频。这样一来,我们团队就可以在1小时内生成更多条视频。

比如,对于我们公司来说,现在新媒体团队1小时做出60—100条视频,才能满足目前的需求。这个诉求是完全可以实现的。也就是说,有了AI的加持后,视频生成这个项目以尽可能快的速度被推进了。

同样,在设计领域,过去一周5人小组的工作量现在完全可以在3分钟内完成。比如,我给AI发布的指令是"帮我设计一款世界上迄今为止还没有的35克AR眼镜,并具有全功能,标注出每一个部件的重量是多少,给出电池或电源部分的重量,给出这部分的全球最佳供应商,给出一个以前眼镜都没有的功能"。

在问题下方,AI从镜框、显示器等九个方面给出了精确的答案,并展示出了四款非常精致的AR眼镜。这省去了大量的调研时间,大大缩短了从调研到确定方案的时间,极大地缩短了整个设计进程。

利用AI技术实现智能供应链管理

无论身处哪个行业的企业,对供应链都有一定的要求。那么,企业应该如何管理供应链呢?这其中少不了AI技术的加持。下面我就以肯德基为例子来进行说明。

作为知名餐饮企业,肯德基利用AI技术实现了智能供应链管理。其管理具体步骤如下。

1. 收集与整理数据

在这一环节,我们需要收集和整理的供应链数据,包括订单数据、库存数据、消费者数据,以及各种进销存的数据等。经过收集和整理的数据要保证准确性和完整性。肯德基通过POS系统收集订单数据和销售数据,并与供应商的库存数据进行整合,利用AI分析之后,给出的结果是公允的。

2. 预测需求

在这一环节,我们需要利用AI算法分析历史数据,预测未来的需求量和需求趋势,根据预测结果制定合理的采购计划和库存策略。肯德基的具体做法是利用AI技术分析销售数据和市场趋势,预测不同产品的需求量，并制订相应的采购计划。

3. 选择与管理供应商

在这一环节，我们可以利用 AI 算法评估供应商的可靠性、交货周期等指标，辅助决策过程，并对供应商进行动态管理和评估。肯德基的具体做法是，将 AI 与采购、法务和财务进行结合，去评估供应商的质量、可靠性和交货能力，减少一些环节的费用，并通过供应链平台进行动态管理和评估。不少知名企业的采购也都如此应用 AI。

4. 管理订单

在这一环节，我们可以利用 AI 算法优化订单管理流程，实现订单的自动化处理，包括订单生成、配送安排、库存更新等。肯德基的具体做法是，通过 AI 技术实现订单管理的自动化处理。

包括肯德基、瑞幸咖啡、麦当劳、必胜客等在内的头部企业，目前的订单管理已经全部 AI 化了。订单管理目前是 AI 在整个供应链管理方面应用得最好的领域。

5. 优化运输与配送

在这一环节，我们可以利用 AI 算法分析运输网络和需求情况，优化配送路线和运输方式，提高运输效率和降低成本。肯德基的具体做法是用 AI 技术处理一些物流订单，而且 AI 对于物流的分配技术非常到位。不少顾客反映，肯德基提供的订餐体验几乎是他们外卖体验中最好的。

6. 优化仓储与库存

在这一环节，我们可以利用 AI 算法对库存进行动态管理和优化，避免过多的滞销库存和缺货情况，实现库存的精细化管理。肯德基的具体做法是，利用 AI 技术对库存进行实时监测和优化，预测产品销售和消耗情况，降低滞销库存和缺货风险。

7. 数据分析与决策支持

在这一环节，我们可以利用 AI 算法对供应链数据进行分析，提供关键指标的可视化报表，并生成决策支持报告，辅助管理者做出合理决策。肯德基正是如此践行的。

8. 风险预警与管理

在这一环节，我们可以利用 AI 技术监测供应链中的风险，如天气、地震等因素的影响，及时预警并制定应对措施，降低风险。肯德基的具体做法是，利用 AI 技术监测供应链风险，如交通拥堵、天气等因素，并及时预警和调整供应链策略，降低风险。

9. 持续优化与改进

在这一环节，我们需要定期评估供应链管理的效果，并根据反馈数据进行持续优化和改进，提高供应链管理水平和运营效率。肯德基的具体做法是，定期评估供应链管理效果，通过AI技术分析反馈数据，并不断优化和改进供应链管理，提高运营效率。只有持续优化与改进，供应链才能更加完善，企业才能蒸蒸日上。

▪ ▪ ▪ ▪ ▪ 利用AI技术排除管理中的难题

AI应用于管理，能排除和处理很多管理难题。

1. 排除绩效管理中的难题

绩效管理是企业管理的难题之一。就拿绩效评估来说，需要讲究公平、客观的原则。为了实现公平、客观，HR要跟各个业务团队不断磨合，然后大家再开大会确定最终的OKR。至于规则制定的时间，有时候可能需要一个星期，甚至半个月。现在，HR 有了一个非常公平的好帮手——AI。他们把数据拿给 AI 进行分析，并在 AI 的帮助下做出多套方案，供大家进行选择，直到大家选出都觉得公平的。这让 HR 可以站在法务、业务、财务等多方角度，做出管理者和被管理者都能接受的公平选择。

当然，利用 AI 解决绩效评估体系设计的难题只是 AI 在绩效管理中应用的一个方面。AI 还可以在绩效管理的其他方面发挥重要作用（详见表 8-4）。

表 8-4　AI 在绩效管理中的应用

方案名称	方案内容	目标
绩效评估体系设计	设计并建立基于数据的绩效评估体系，通过数据指标和量化方法来对个人、团队和企业的表现和业绩进行评估	提高绩效评估的客观性和公正性，推动提高工作效率和业绩
AI 驱动的绩效管理	利用 AI 技术对大量数据进行分析和处理，提供智能化的绩效管理工具和决策支持	提高绩效管理的效率和准确性，发现潜在的业绩增长机会
大数据应用于绩效数据挖掘	运用大数据技术对绩效数据进行深度挖掘和分析，发现关联性模式和趋势，为绩效改进和决策提供洞察和建议	发现绩效提升的潜力和优化的方向，实现业绩增长
企业绩效管理的数字化升级	将绩效管理从传统的手动操作转变为数字化系统，包括数据采集、分析、报告等环节的自动化和智能化	提高数据处理的效率和数据质量，促进绩效管理的持续优化

中层管理者或门店管理者使用 AI+ 绩效管理的方式，优势非常明显，因为该类方式可以马上得到答案。有时候，高层只是给出了本年度需要完成的指标，至于具体如何拆解，需要中层自己想办法解决。

有了 AI 的帮忙，在高层给出指标后，中层就可以确定需要做什么样的事情，需要遵循的体系是什么样的，数据挖掘是什么样的，升级的目标是什么。然后，再请人进行落地辅导，就能完成目标，达到与公司的共赢。此外，偏执行的管理者也可使用 AI 来加持绩效管理，解决难题。

2. 排除生产管理中的难题

AI 在生产管理中的应用，主要体现在以下几个环节。

（1）物料管理

在这一环节，我们可以使用 AI 技术对库存进行智能管理，包括采购、出库、库存预警等。通过分析历史数据和市场需求，AI 系统能够提供准确的库存预测，并自动触发订购流程，解决物料管理方面的难题。

（2）生产监控

在这一环节，我们可以利用 AI 技术对生产过程进行实时监控和分析，包括食材加工、烹饪和装配等环节。通过图像识别和视频分析技术，AI 系统可以检测生产线上的异常情况，并及时发出警报，解决生产监控方面的难题。

（3）质量监控

在这一环节，我们基于 AI 技术的图像识别和机器学习算法，可以实现对产品质量的自动检测和评估。例如，系统可以分析食物颜色、形状、大小等特征，判断是否符合标准，从而提高产品的一致性和品质，进而解决质量监控方面的难题。

（4）工艺优化

在这一环节，我们可以利用AI技术对生产数据进行分析和建模，提供工艺优化的建议。比如，在烹饪过程中，系统可以根据实时监测到的数据推荐最佳的烹饪时间和温度，以提高产品的口感和营养价值。

（5）维护管理

在这一环节，我们可以利用AI技术进行设备维护的预测和计划。通过监测设备的运行数据和故障历史，AI系统可以预测设备的维护需求，减少设备停机时间，提高生产效率。

3. 排除人员管理中的难题

在人员管理的难题中，有个难题非常有热度，那就是"AI替代员工"。那么，AI到底能不能彻底替代员工工作呢？其实，国内某知名大学的人工智能研究员早就进行了相关研究，研究成果如表8-5所示。大家可以看一看某些常见岗位的整体替代率。像农民、工人，整体替代率很高，达到了70%—80%；销售人员的整体替代率达到了30%；教师的整体替代率达到了50%；护士的整体替代率达到了40%；医生的整体替代率达到了40%；司机的整体替代率达到了70%，比如，在北京亦庄，无人驾驶的出租车已经并非难得一见了。办公室职员的整体替代率是 60%；客服人员的整体替代率也很高，有 70%；零售员工目前的整体替代率也在 60% 左右；建筑工人的整体替代率是 40%；技工的整体替代率才 30%。

表 8-5　AI 较难替代的岗位

职业名称	基本任务	较难被替代部分	整体替代率（毛估）
农民、农场工人	种植，收割，畜牧	复杂的农业工作，比如树木修剪	70%
工厂工人	操作机器，装配产品，检查质量	需要手工技能和判断的任务	80%
销售人员	客户沟通，销售产品，维护客户关系	理解复杂的人类需求和建立人际关系	30%
教师	讲授课程，批改作业，辅导学生	理解复杂的学生需求和提供人性化关怀	50%
护士	照顾病人，执行医嘱，管理药物	提供人性化关怀和处理复杂的医疗情况	40%
医生	诊断疾病，提供治疗建议，进行手术	进行复杂手术和理解病人需求	40%
司机	驾驶车辆，遵守交通规则，保证乘客安全	在复杂环境下的驾驶能力	70%
办公室职员	处理文件，管理日程，处理通信	需要人际交往和判断能力的任务	60%
客服人员	回答客户问题，处理投诉，提供产品信息	理解复杂的人类需求和处理复杂问题	70%
餐饮服务员	接受订单，提供食物，清理桌子	提供优质服务和处理复杂情况	50%

（续表）

职业名称	基本任务	较难被替代部分	整体替代率（毛估）
零售员工	为客户提供产品信息，协助选择商品	处理交易面对面的销售和咨询服务	60%
清洁工	打扫卫生，清洁设施	处理复杂环境和不可预见的清洁任务	60%
建筑工人	建筑结构施工、装修	复杂的手工任务和现场决策的能力	40%
技工（电工、管道工等）	维修、安装和检查电气和管道系统	复杂的手眼协调和现场判断	30%
工程师	设计、测试和优化复杂系统	创新设计和解决复杂问题	40%
程序员/软件开发者	编写、测试和维护软件	复杂的软件开发	70%
会计师	记录财务交易，准备报表，进行审计	在解释和提供财务咨询方面	60%
律师	提供法律咨询，代表客户处理法律事务	理解和应用法律原则及代表客户进行谈判和诉讼	35%
市场营销专员	策划和执行营销活动，进行市场研究	理解消费者行为，创造吸引人的营销策略和内容	50%
设计师	创造视觉效果，设计空间布局	理解和创造吸引人的设计	70%
项目经理	规划和协调项目，管理团队，监控进度	理解项目需求，处理复杂的人际关系和决策问题	30%
质量控制员	监督生产过程，确保产品质量	处理复杂的质量问题	60%

（续表）

职业名称	基本任务	较难被替代部分	整体替代率（毛估）
金融专员/银行职员	进行金融分析，管理投资	处理银行业务进行复杂的金融决策	60%
研究员/科研人员	进行科学研究，发表科学论文	提出创新的科学理论，进行复杂的实验设计	30%
咨询顾问	为客户提供专业的建议	理解客户的具体需求，提供个性化的解决方案	40%
社会工作者	帮助那些在生活中面临困难的人	理解人的情感，提供心理支持	20%
法官	研究法律案例，裁决案件，解释法律、庭审监督等	法律的解释和裁决，以及对人类情感的理解和道德判断	30%
记者	报道新闻、撰写文章等	挖掘新闻背后的故事，进行深入的采访	50%
演员	表演角色，传达情感	传达复杂的人类情感，进行高水平的表演	50%
导演	制定创作方向，管理电影制作	提出创新的电影理念	20%
自媒体营运人员	创建和发布内容	理解受众的需求，提供个性化的内容	40%
董事长	公司的高级领导职务，负责公司的重大决策制定和战略指导	领导能力、战略思维和人际交往能力	20%
歌手	创作歌曲，录制音乐，举行演唱会	情感表达和个人魅力	40%

（续表）

职业名称	基本任务	较难被替代部分	整体替代率（毛估）
编剧	创作剧本	理解复杂的人物关系、人性深度、文化背景等	40%
按摩师	对人体的穴位和肌肉进行按摩	复杂的人体结构、肌肉感知和反应	5%
美甲师	进行指甲美化	手工技艺	20%
KTV歌手	娱乐、陪唱、互动等	人际交往和情感互动	20%
网红	内容创作，粉丝互动，商业合作	粉丝互动和商业合作	50%
摄影师	拍摄照片和处理照片	拍摄照片、构图、光影掌控等	30%
主持人	语言表达，现场控制，观众互动	现场控制和观众互动	60%

表8-5用数据告诉了我们一个事实：不管你目前是高层管理者，还是中层管理者，甚至基层管理者，早晚都要使用AI。因为不是AI会替代你，而是使用AI的人一定能够替代你。

就拿制作短视频来说，有人一天只生成一两条，有人一天却可以生成100条、200条，甚至1000条视频。那前者的工作还有继续的必要吗？答案不言而喻。这也在侧面说明了AI替代职业的逻辑。

AI时代的铁饭碗职业可能是那些高创造性与高情感性的脑力劳动与体力劳动，像卫生行业从业者、社会工作者等。

我们可以一方面利用AI，另一方面去多做一些高创造性的工作和高情感性的脑力与体力工作。

利用AI技术掌握数据统计的专业技巧

众所周知，数据统计是件复杂的事情，需要耗费大量人力、物力。现在，有了AI的加入，数据统计的效率就大大提高了。那么，AI是如何在掌握数据统计专业技巧方面发挥作用的呢？主要体现在以下几个方面。

1. 设定一个清晰的目标

在统计数据之前，我们要明确需要解决的问题，以及需要达到的目标，这样我们去收集数据才有意义。肯德基就是在分析销售数据之前，在AI的帮助下，明确了想要解决的问题，比如每个地区的销售业绩和最受欢迎的产品是什么等。这是做好数据分析的必要前提。

2. 确定所需的指标

有了清晰的目标只是完成了第一步，我们还需要根据设定的目标确定需要收集和分析的关键指标有哪些，以便更好地去了解业务运营情况和发现潜在的问题或者机会。具体操作时，我们可以把相关问题提供给AI，并就其给出的答案不断地进行优化。就拿肯德基来说，其关注的指标包括每家门店的销售额、顾客的满意度和产品的销售比例等。

3. 收集准确的数据

收集完数据，我们还需要确保数据收集的过程准确、全面，并且数据来源可靠。这时，如有技术工具或软件（特别是 AI）的帮忙，不仅可以实现数据的自动收集，还能最大限度地减少错误。像肯德基就是利用 POS 系统来收集每个餐厅的销售数据和订单信息，来确保数据的准确性和完整性的。

4. 数据的"清洗"和整理

收集数据之后，我们还需要对收集到的数据进行"清洗"和整理，校验数据的准确性，去除复杂值和异常值。这些操作在 AI 的加持下能够快速完成。肯德基就是利用了相关的 AI 技术，在短时间内对收集来的数据进行了"清洗"和整理，去除重复和异常的订单，并格式化数据，以便后续分析。

5. 数据的分析和可视化

我们需要应用数据分析工具和技术（特别是 AI），对数据进行统计分析、相关性分析和趋势分析等，以及利用可视化图表展示数据结果。像肯德基就是利用 AI 技术对销售数据进行如销售额、销售趋势等统计分析，并利用图表可视化报表呈现的。

6. 报告和解读数据

完成对数据的分析后，我们还需要根据分析结果，编制报告并解读数据，向相关人员提供有关业绩、趋势和问题的见解，并提出相应的建议和决策。这也是 AI 的拿手好戏。在 AI 功能的版图中，无论是编制报告、解读数据，还是提供相应的建议和决策，都可以迅速、有条理地完成。这些建议和决策才是我们做数据统计和分析的意义。

7. 持续学习和迭代

只有不断学习新的数据分析技巧和工具（特别是 AI），关注行业趋势和最佳实践，并将所学应用到实际情况中，我们才能不断改进数据分析能力，提升数据分析效果。肯德基就是通过持续关注数据分析领域的最新技术和方法，重视 AI 技术的应用，参与培训和学习活动，并将所学知识应用到实践中，来提升数据分析的能力和效果的。

利用AI技术优化客户服务

AI应用于管理，还能有效地优化客户服务。那么，它是如何发挥作用的呢？主要包括以下几个方面。

1. 自动化客服

客服工作向来纷繁，不过我们可以利用AI技术开发智能客服系统，通过自然语言处理和语音识别技术，实现自动化的问答和点餐服务。肯德基引入了AI智能客服系统。顾客可以通过登录肯德基App或小程序，以语音或文字与商家进行实时互动，享受自动化的点餐和问答服务。

2. 情感识别

除了自动化客服，我们还可以利用自然语言处理和情感识别技术，分析顾客的语音、文字等情绪信息，提供个性化的情感化服务。像肯德基就是利用AI技术分析顾客的情绪信息，对不同情绪的顾客做出个性化的应答和服务，来提高顾客满意度的。

3. 个性化推荐

在个性化推荐方面，我们可以利用机器学习和推荐算法，分析顾客的历史点餐数据和喜好，为顾客推荐个性化的菜品和优惠活动。肯德基就是通过分析顾客的历史点餐数据和口味喜好，向顾客推荐个性化的菜品组合和优惠券，来提高顾客的满意度的。

4. 智能预订与排队

对于很多顾客而言，排队是最让人头疼的，最好能够提前订餐，到店即食。要解决顾客这个痛点，我们可以利用 AI 技术开发智能预订系统，让顾客通过手机 App 或网站进行在线预订，并提供智能排队功能，减少等待时间。肯德基就是这样做的。顾客可以通过肯德基 App 预订，系统根据实时情况智能排队，减少顾客的等待时间。

5. 智能推送与营销

精准推送和精准营销历来是做好客户服务的重要推手。在具体操作中，我们可以利用 AI 算法分析顾客的消费习惯和历史购买数据，精准推送个性化的优惠券、促销活动和新品推荐，提升销售转化率。

6. 报告和解读数据

在报告和解读数据方面，我们可以利用 AI 技术分析数据结果，并在 AI 的帮助下编制销售报告并解读数据，向相关人员提供有关销售业绩和趋势的见解，提出相应的业务改进建议。肯德基管理层收到的销售业绩趋势分析和改进建议就是按照这个流程得出的。

7. 数据学习迭代

提出改进建议并不意味着事情的完结，我们还需要不断学习新的数据分析技巧和工具（特别是 AI 技术），关注行业趋势和最佳实践，并将所学应用到实际情况中，不断改进数据分析的能力。肯德基就是这样做的。它不仅持续关注数据分析领域的最新技术和方法，参与培训和学习活动，还将所学知识应用到提升数据分析能力和效果上。

8. 风险预警与管理

在客户服务过程中，风险预警与管理也是非常重要的一环。我们可以利用 AI 技术建立风险预警机制，实时监测为客户服务的情况，一旦发现不妥之处，及时预警并制定应对措施，降低风险。

9. 持续优化与改进

客户服务需要持续优化和改进。随着 AI 技术与人类同理心的结合，AI 技术将会帮助企业主动在客户问题出现之前提供解决方案，进而创造完全无摩擦的客户体验。

▪ ▪ ▪ ▪ ▪ 关于AI营销与应用行业的一些展望

目前，AIGC市场规模庞大且潜力巨大。随着AI技术的迅速发展和广泛应用，越来越多的企业开始关注AI领域的潜力。根据市场研究报告，AIGC市场预计将保持较高的增长率，并有望在未来几年达到数万亿元的规模。

不管是国内，还是国外，诸多科技公司都在布局AI营销领域。国外的诸如OpenAI（美国人工智能研究公司）、谷歌、Meta（原名Facebook）[1]，国内的诸如百度、阿里、360、华为、腾讯、科大讯飞等，以及清华大学、复旦大学、中国科学院等科研院所，都正在投入大量的人力、物力参与研发AI营销与行业的应用。

目前，只要跟电商相关，只要是ToC企业[2]，没有一家可以离开AI。未来世界的发展趋势可能是从虚拟世界到数字孪生世界再到超级物联网世界的。中国的诸多公司已经利用AI技术开启了商业新篇章。如表8-6所示，它们目前合理运用新媒体+AI技术的优势，在广泛传播、个性化互动、数据分析与预测、优化营销策略、品牌塑造和口碑传播、提升用户体验等多个方面发力，为企业的降本增效助力。

---

[1] 它们在模型性能、数据安全与隐私、可解释性、模型泛化能力、企业服务、用户体验、开发者工具、数据隐私法规、AI伦理、行业合作、市场竞争等多方面进行了卓有成效的探索。

[2] ToC企业，直接面向个体消费者提供产品或服务的企业。

表 8-6　合理运用新媒体 +AI 技术

优势	发力操作
1. 广泛传播	新媒体平台，如社交媒体等，具有广泛的受众群体，可以快速传播品牌信息和促销活动
	AI 技术可以帮助自动化营销、内容推送等，提高效率和覆盖范围
2. 个性化互动	新媒体平台具有互动性，企业可以通过评论、私信等方式与用户进行直接沟通，提供更加个性化的服务和解决方案
	ChatGPT 等 AI 技术可以通过自然语言处理和智能回复来提供实时且准确的响应，增强互动体验
3. 数据分析与预测	新媒体平台记录了大量的用户行为和偏好数据，可以进行精细的数据分析，了解用户的需求和消费趋势
	AI 技术的强大计算能力可以快速分析和挖掘数据，帮助企业预测市场趋势和优化业务决策
4. 优化营销策略	新媒体平台提供了多样化的营销工具，如直播、短视频、UGC 等。企业可以据此定制多渠道的传播方式，提高品牌曝光度
	AI 技术可以根据用户数据和行为模式进行个性化精准营销，提高广告投放效果和 ROI
5. 品牌塑造和口碑传播	企业可以利用新媒体平台发布优质内容、品牌故事等来塑造品牌形象，在用户中建立口碑和影响力
	AI 技术可以通过情感分析和舆情监测等手段，帮助企业监控品牌声誉和管理用户评论，及时回应和处理问题
6. 提升用户体验	企业可以利用新媒体平台，通过在线预订、外卖服务、互动活动等方式，提供便捷、快速和个性化的消费体验
	AI 技术可以应用于智能点餐、语音助手等场景，帮助企业提升用户点餐和服务过程的效率和便利性

注：UGC，全称 User Generated Content，意为用户生成内容。

既然新媒体+AI优势多多，企业应该往哪些方向努力呢？具体做法如表8-7所示。

表8-7 新媒体+AI运用的具体方向

方向	具体内容
1.技术创新	AIGC采用了先进的AI技术，如ChatGPT等，可以为用户提供高度鲜活的对话体验，让用户感觉像与真人交流一样。这种技术创新引起了用户的兴趣和好奇心，成了热门话题
2.广泛应用	AIGC可以在不同领域，如娱乐、教育、办公等领域进行应用，满足了用户多样化的需求。用户可以通过AIGC获得娱乐、问题的答案、获取学习辅助等，因此AIGC在用户群体中广受欢迎
3.个性化体验	AIGC可以根据用户的输入和需求提供个性化的回复，通过自然语言处理和智能回答，让用户感受到定制化的服务和对话体验。这种个性化体验增加了用户的参与感和满意度
4.灵活的交互方式	AIGC可以通过多种设备进行交互，比如手机、平板、电脑等，用户可以随时随地与AI进行对话互动。这种灵活的交互方式增加了用户的使用便利性和体验感
5.社交化分享	AIGC可以与用户进行互动，并回答问题。这种社交化的互动性使得用户乐于分享他们与AI的对话体验，通过社交媒体等渠道传播，为AIGC增加了曝光度和受欢迎程度

新媒体+AI为企业的降本增效提供了一种崭新的可行性，不过它也只是AI技术在社交媒体营销应用中的一环。AI技术在企业营销获客的其他方面还有不少用武之地，具体如表8-8所示。

表 8-8 AI 技术的营销获客策略

应用方面	具体内容
1.制定基于 AI 技术的营销策略	通过 AI 技术分析相关数据，制定个性化的目标市场定位、品牌传播策略和产品定价策略
2.数字化营销策略的构建	利用 AI 技术建立数字化营销渠道，包括电子邮件营销、社交媒体推广和搜索引擎优化等，实现精准地定位用户和营销推广
3.AI 驱动的精细化广告投放	利用 AI 技术对广告投放进行数据分析和决策，实现精准的广告展示和广告效果跟踪，提高广告投放的 ROI
4.数据挖掘与营销策略的制定	利用 AI 技术对大量用户数据进行挖掘和分析，发现潜在的市场需求和消费趋势，制定相应的营销策略，如新产品推出和活动策划
5.AI 技术在社交媒体营销中的应用	利用 AI 技术分析社交媒体数据，监测用户反馈和口碑，针对用户评论进行情感分析，提高社交媒体营销的效果和用户互动

当然，AI 在营销与应用方面的作为并不局限于此。后续，我们还可以在企业的运营中进行不断的探索，以便让包括 AI 在内的先进技术更好地为企业的可持续发展增砖添瓦。